映画に学ぶ
ドイツ語

Sprache als Schlüssel
zum Verständnis
deutscher Filme

山口裕之●著

教育評論社

＊本書は、2012年に東洋書店から出版された『映画に学ぶドイツ語─
　台詞のある風景』に加筆修正したものです。
＊価格表記などは2023年3月時点の情報です。
＊デジタルで配信されている作品もあります。

はじめに

　映画を観るとき、私たちはさまざまな要素が絡み合った複合的な体験をしています。多くの映画では、「物語」が展開してゆき、私たちはそれを楽しみますが、映画にとっては、単にどのような物語が語られているかだけではなく、その物語を語るための映像そのもの（編集や構成も含めて）の描き方が決定的に重要です。映像そのもののもつ力を私たちは多くの優れた映画のなかで感じとっています。また、俳優たちの演技や演出を楽しむという要素も、映画を観るという経験のなかでとても大きな位置を占めているでしょう。さらに、音声的な領域に関しては、もちろん音楽が重要な役割を果たしていますし、何といっても私たちは登場人物や語り手の「言葉」や「声」にふれることになります。「言葉」は、映像そのものとともに、「物語」の展開を推し進める最も重要な要素となります。そしてまた、映像とともに、映画のもつ奥深い意味、映画作家が作品全体を通じて伝えようとしていたものの現れ出る場ともなります。

　ドイツ語で語られる映画をとりあげる本書では、映画に関わるさまざまな要素のうち、映画のなかの「言葉」としての「ドイツ語」に焦点を当てています。これは、映画に対するアプローチの仕方としては、少し変わったものであるかもしれません。しかし、そのことを通じて、いろいろなことが新たに見えてくるでしょう。映画のなかの「言葉」、つまり一般に「台詞」と呼ばれているものを正確にたどることは、映画全体を深く理解するために、もちろんきわめて大切な作業です。そこには、物語の展開や人間関係を描き出すための重要な要素や仕掛けが綿密に埋め込まれています。しかしそれだけではなく、それらの言葉の一つ一つが、映画というテクスト内部のなかにはりめぐらされたコンテクストと関わりをもつものであり、また、その映画の成立した特定の社会的・文化的環境とも密接に結びついています。ドイツ語で語られた言葉を通じて、私たちは映画でとりあげられている時代、あるいは映画が生み出された時代のドイツの文化や社会のうちで、どの

3

ような力が働いていたのかを知ることにもなるのです。

　本書を執筆するにあたって、筆者は遠い過去、あるいは比較的最近観た映画や、かなりよく知っている映画の「言葉」に集中するという作業に携わってきました。それは私自身にとっても新しい発見や経験の連続でした。字数の制約のために、それらのほんの一部しかお伝えすることはできませんが、それでもそれぞれの映画のとくに重要な「言葉」を選び出すように努めました。読者のみなさまにその「言葉」の体験を共有していただけるとすれば、それにまさる喜びはありません。

　「言葉」とそのコンテクストを正確にたどり、それによって映画をより深く理解する、というのが本書の目的です。その意味で、映画のなかのドイツ語をしっかりと知りたいという方々にとってだけでなく、まったくドイツ語がわからないけれどドイツ映画に関心があるという方々にとっても、本書が代表的なドイツ映画のための手引書となればと願っています。

　本書は、ドイツ映画の黎明期から現代にいたるまで、33本の映画を選び出しとりあげています。それらは、あくまでも主観的な基準によるものであるかもしれませんが、おそらくドイツ映画として重要な作品、あるいは広く親しまれた作品といえるものです。ここにはドイツ映画の歴史（さらには全映画史）のなかで必ず言及すべき古典的作品や、国際映画祭などで高い評価を得た作品とともに、専門家の評価とはかかわりなくドイツ語圏（あるいは日本）で一般の観客から非常に愛好された作品も含まれています。

　とりあげる映画については、できるだけ時代的な偏りが生じないように選びたいと当初は考えていました。しかし、本書の目的に適うような重要な作品を選び出していくと、結果的に山や谷が生じることになりました。それは、ドイツ映画の歴史をそのまま反映したものでもあります。「山」を形作っているのは、1920年代から30年代初頭のワイマール時代の古典的作品、70年代を中心とする「ニュー・ジャーマン・シネマ」、そして1990年代後半以降の新しいドイツ映画の波、という三つの隆盛期です。本書では結局、この1990年代以降の新しいドイツ映画が3分の1以上を占めることになりました。それに対して、

顕著な「谷」となっているのは、ナチ時代（1933-45年）、そしてテレビの普及によって映画産業が大きく傾いた60年代です。もちろん、これらの時代の作品についても映画史のなかで語るべきことは数多くあるでしょうが、本書ではやはり他の時代の作品を優先することになりました。

　本書は、2012年に東洋書店から刊行された『映画に学ぶドイツ語──台詞のある風景』に加筆修正を加えたものです。旧版では2009年の「白いリボン」が、一番新しい作品としてとりあげられていましたが、今回ふたたび刊行する機会をいただいたことにより、旧版のうち1作品をはずし、新たに旧版の出版年以降に制作された四つの作品を加えることになりました。最初に30作品を選び出したときもそうでしたが、この10年のうちに制作された映画から四つの作品を選ぶというのは、さらに難しい選択でした。なぜこの作品が含まれていないのかという声があちこちから聞こえてきそうですが、時代が新しい作品であるほど、個人的な好みや経験に左右されることになるとご了解いただければ幸いです。結果的に、今回加えた4作品は歴史的・政治的な性格が強いものとなりました。
　今回、新たな刊行の機会を与えていただいた教育評論社、そして編集を担当していただいた市川舞さんには、この場をお借りして、心からの感謝をお伝えしたいと思います。

　　2023年4月

　　　　　　　　　　　　　　　　　　　　　　山口裕之

映画に学ぶドイツ語

Sprache als Schlüssel
zum Verständnis
deutscher Filme

目 次

映画に学ぶドイツ語

Sprache als Schlüssel zum
Verständnis deutscher Filme

目　次

9

装丁＋本文デザイン＝中村友和（ROVARIS）

カリガリ博士
Das Cabinet des Dr. Caligari

ロベルト・ヴィーネ監督

▶製作◎ルドルフ・マイネルト、エーリヒ・ポマー
▶脚本◎ハンス・ヤノヴィッツ、カール・マイアー
▶撮影◎ヴィリー・ハーマイスター
▶美術◎ヴァルター・ライマン、ヴァルター・レーリヒ、ヘルマン・ヴァルム
▶衣装◎ヴァルター・ライマン
▶出演◎ヴェルナー・クラウス、コンラート・ファイト、フリードリヒ・フェーヘル、リル・ダゴファー他
▶製作年等◎1920年、71分、モノクロ

ストーリー

　ある精神病院の庭で、男が不思議な経験を話し始める。この男性(フランシス)は友人のアランとともに、歳の市に出かけ、そこでカリガリ博士という男の見世物小屋に立ち寄る。博士はチェーザレという夢遊病の男を見世物としていたが、時を同じくして街では不可解な殺人が起こっていた。「チェーザレは未来がわかる」というカリガリ博士の言葉に、アランは自分の命がいつまでか尋ねると、チェーザレは「夜明けまで」と答える。実際、その夜、アランは何者かに襲われて殺される。フランシスはすぐに前日の「予言」を思い出すが、たまたままったく別の容疑者が逮捕された。しかし、今度はフランシスが想いを寄せるジェーンが襲われて連れ去られる。救出されたジェーンの証言で、犯人はチェーザレとわかるが、カリガリ博士たちを疑って見張っていたフランシスには合点がいかない。博士の住居を捜査すると、チェーザレが入っているはずの箱の中には、おとりの人形が入っていた…

写真協力：㈶川喜多記念映画文化財団

„Wie lange werde ich leben? " – „Bis zum Morgengrauen. "

◎　　◎　　◎

「私はあとどのくらい生きられるのだ?」―「夜明けまで」

セリフの背景

　　フランシスとアランが連れだって訪れるJahrmarkt（歳の市）とは、それぞれの町で年に一度開かれる大きなお祭りのような市で、そこではさまざまな物を売る屋台とともに見世物小屋も立ち並んでいる。表題のCabinetとは、怪奇的なものを見せるSchreckenskabinettのような「小屋」である。23年間眠ったままの「Cesare das Wunder奇跡のチェーザレ」というカリガリ博士の口上につられ、二人は足を止める。「Cesare der Somnambule – wird Ihnen alle Fragen beantworten. 夢遊病のチェーザレは、みなさまのあらゆる質問にお答えします。Cesare kennt alle Geheimnisse. チェーザレはあらゆる秘密を知っています。Cesare kennt die Vergangenheit und sieht in die Zukunft. チェーザレは過去を知っており、また未来を見通せます。」アランはそこで上に引用した問いを口にするが、チェーザレの答えに衝撃を受けて小屋を後にする。二人は帰り道にジェーンと出会う。「Alan, wir lieben sie beide. アラン、ぼくたちは二人とも彼女を愛している。Wir wollen ihr die freie Wahl lassen. 彼女に自由に選んでもらうことにしよう。Wir aber wollen Freunde bleiben, wie ihre Wahl auch ausfallen möge! でも、彼女がどちらを選ぶことになっても、ぼくたちは友だちでいよう。」ところが、その日の夜のうちに、アランは何者かに襲われて殺されてしまう。影だけによるこの殺人シーンの演出も、この表現主義映画の特質をよく表している。フランシスは「Die Prophezeihung des Somnambulen ... ?! あの夢遊病者の予言か？」と考えるが、同じ頃、たまたま強盗未遂の別の男が捕まったため、新聞も「Das Rötsel von Holstenwall gelöst! ホルステンヴァル（この町）の謎、解決 Der Doppelmörder bei einem dritten Mordversuch ergriffen! 第三の殺人、未遂で御用」と報じて、事件は解決したかに見えた。だが、容疑者は前の二件の殺人容疑を否認する。「Mit den beiden Morden habe ich nichts zu tun – so wahr mir Gott helfe. あの二つの殺人はおれとは何の関係もない。神に誓って言うよ。Die alte Frau – das ist wahr – die habe ich töten wollen あの婆さんは、確かにおれは殺そうとした。– mit einem Stich in die Seite mit einem ebensolchen Dolch 前と同じようなナイフで脇腹をグサッとね。– um den Verdacht auf den geheimnisvollen Mörder zu lenken. あの謎に包まれた人殺しに疑いを向けるためだ。」実際、今度はジェーンが襲われることになる。このシーンもこの映画のハイライトの一つだ。チェーザレがジェーンを刺そうとしながらもひるんでしまうのは、彼女のもつ特別な雰囲気のためでもあるだろう。ジェーンの証言から、襲ったのはチェーザレとわかるが、その間、カリガリ博士とチェーザレの家を見張っていたフランシスは、「Es kann nicht Cesare gewesen sein. チェーザレであったはずはない。Cesare schlief während der Zeit. チェーザレはその間眠っていたんだ。Ich habe ihn stundenlang beobachtet. ずっと彼を見張っていたんだから」と主張する。しかし、警察とともにカリガリ博士の家を捜索すると、チェーザレと思っていたのは、実はただの人形だった。容疑がかけられたカリガリ博士をフランシスが追っていくと、博士は精神病院に逃げ込む。フランシスはここの病人であると確信して尋ねる。「Ist hier ein Kranker namens Dr. Caligari? ここにカリガリ博士という名の病人はいますか？」だが、実はこの院長こそがその人物だった。「Er – er selbst – und kein anderer ist Caligari. まさしく彼こそがカリガリなのだ！」

Ich muss alles wissen ... ich muss in sein Geheimnis dringen. Ich muss Caligari werden ... DU MUSST CALIGARI WERDEN.

◎　◎　◎

私はすべてを知らねばならない。私は彼の秘密のなかに入り込まなければならない。私はカリガリにならなければ…お前はカリガリになるのだ！

セリフの背景

　カリガリ博士の部屋を医者たちとフランシスが捜索すると、「Sein Specialstudium 彼の専門」である「Somnambulismus 夢遊病」に関する古い書物が出てくる。少し長いが、映画のなかでもかなり多くの字幕(Zwischentitel)を費やして説明している部分なので、すべて紹介したい。この書物のタイトルは、「Das Cabinet des Dr. Caligari カリガリ博士の小屋」である。「Im Jahre 1738 zog in dem kleinen Städtchen Oberitaliens ein Mystiker namens Dr. Caligari mit einem Somnambulen, genannt Cesare auf Jahrmarktsplätzen umher ... 1738年、上部イタリアのいくつかの小都市でカリガリ博士という名の一人の神秘主義者が、チェーザレという名の夢遊病者を連れて、あちこちの歳の市に出現した。und hielt monatelang Stadt für Stadt in Panik durch Morde, そして、いくつもの殺人によって何箇月にもわたり、町という町を恐怖の混乱に陥れ続けた。die stets unter den gleichen Umständen ausgeführt wurden, indem er einen Somnambulen, den er vollständig unter seinen Willen gezwungen hatte, zur Ausführung seiner abenteuerlichen Pläne veranlaßte. カリガリ博士は、夢遊病者を完全に彼の意思どおりに動かしており、その夢遊病者に自分の無謀な計画を実行させることによって、これら

13

の殺人はつねに同じ状況で行われていた。Durch eine dem Cesare getreu nachgebildete Puppe, die an Stelle des abwesenden Cesare im Kasten lag, verstand Dr. Caligari jeden Verdacht auf die Täterschaft des Somnambulen zu beseitigen. その場を離れているチェーザレに代わって箱の中に入れられた、彼にそっくりに作られた人形を用いることによって、カリガリ博士はその夢遊病者の犯行であるというあらゆる疑いを退けることができたのである。」この説明は、過去に実在したとされるカリガリ博士を説明するものであると同時に、この映画のなかでの出来事をそのまま説明するものでもある。

　捜索を続けるフランシスたちは、さらにカリガリ博士の日記を見つける。そこには次のように記されている。「Der Wunsch ... der unerbittliche Drang meines Lebens erfüllt sich ...！私の願望、私の人生のどうしようもない衝動がかなうのだ！Jetzt werde ich das psychiatrische Geheimnis jenes Caligari lösen!! いまこそあのカリガリの精神医学的な秘密を解き明かすことになる！Jetzt werde ich ergründen, ob es wahr ist, daß ein Somnambuler zu Handlungen gezwungen werden kann, die er im wachen Zustand niemals begehen, die er verabscheuen würde ... 目覚めている状態であれば恐ろしくてとてもできないような行為を夢遊病者にやらせることが可能であるというのが本当かどうか、いまこそ究明することになるのだ。Ob es wahr ist, daß der Schlafende bis zum Mord getrieben werden kann. 眠っている人間を殺人にまで駆り立てることは可能である、というのが本当かどうかを。」この現代のカリガリ博士の狂気は、上に引用したような「Zwangsvorstellungen 強迫観念」として、まさに文字そのものが映像上で「強迫観念」として乱舞する。しかし、こういったミステリー的展開の解決は、最後に再び提示される精神病院にいるフランシスの場面ではいわば宙づりにされることになる。

　ドイツ映画にとって最初の隆盛期となるワイマール時代の重要な作品のうちでも、この「カリガリ博士」は最も有名な映画であり、また、この時代の「表現主義的」傾向を最も顕著に体現する映画である。斜めに傾いた建物や室内空間の書割、殺人者や犯行の不気味な演出、カリガリ博士の狂気に駆られた「強迫観念」のイメージ等、この映画の映像は強烈なインパクトを与える。

　映画の最終場面では、すでに述べたように再び精神病院でのフランシスが描かれ、この枠物語の形式のなかで、これまでの物語の展開はいわばすべて括弧に入れられてしまう。実は、ハンス・ヤノヴィッツ、カール・マイアーによる当初の脚本では、カリガリ博士の犯罪が暴かれ、彼を精神病院に送り込むという内容で終わるものだった。ナチズムへといたるワイマール時代の文化的・社会的状況を描いたジークフリート・クラカウアーの著作『カリガリからヒトラーへ』は、この映画について、本来、カリガリ博士に象徴される「権威の本質的な狂気を暴露」する「革命的な意味をもった映画」であったはずのものが、監督のヴィーネがそれを枠物語のうちにはめ込むことで当初の意図が完全に転換させられ、「権威を賛美し、その狂気の反対者を罪に陥れ」るような「型にはまった映画」になったと評している。しかし、むしろその反対ではないだろうか。観客は、カリガリ博士の手中にある「狂った」フランシスの妄想だったのだと安心することはない。むしろ、このような構成をとっているからこそ、何が真実かわからない不安のなかに置き去りにされることになる。ヴィーネ監督の改変の意図がどのようなものであるにせよ、このような結末であるがゆえに、不気味な傑作が出来上がったといえるだろう。

吸血鬼ノスフェラトゥ 恐怖の交響曲

Nosferatu – Eine Symphonie des Grauens

フリードリヒ・ヴィルヘルム・ムルナウ監督

▶脚本◎ヘンリク・ガレーン
▶撮影◎フリッツ・アルノー・ヴァーグナー
▶美術◎アルビン・グラウ
▶衣装◎アルビン・グラウ
▶出演◎マックス・シュレック、グスタフ・フォン・ヴァンゲンハイム、グレータ・シュレーダー、アレクサンダー・グラナハ、ゲオルク・ハインリヒ・シュネル、ルート・ランツホフ他
▶製作年等◎1922年、94分、モノクロ

ストーリー

　ドイツの港町ヴィスボルクに、不動産屋で働くフッターが美しい妻エレンと暮らしていた。ある日彼は、住まいを探しているトランシルヴァニアのオルロック伯爵のところへ行くよう、不動産屋のクノックから命じられる。フッターは馬で旅を続けるが、城に着く前日、宿泊した宿にいた地元の人々は、オルロック伯爵の城に向かおうとする彼を思いとどまらせようとする。城からの迎えで夜遅く何とかたどり着いたフッターを、城の主オルロック伯爵一人が出迎える。不注意で指にけがをしたフッターの血に伯爵は異常な関心を示すが、翌朝気づくと、フッターの首には二つの小さな傷があった。フッターはその後、伯爵が吸血鬼であることを知る。彼は、妻エレンの肖像を目にして強い関心を抱いていた伯爵がエレンのもとに行こうとしているのを感じとり、妻の危機を回避するために城を脱出して、故郷へ戻ろうとする。その頃、伯爵は船に積まれた棺に納まって、ヴィスボルクに向かっていた…

写真協力：㈶川喜多記念映画文化財団

16

Nosferatu – Tönt dies Wort Dich nicht an wie der mitternächtige Ruf eines Totenvogels. Hüte dich es zu sagen, sonst verblassen die Bilder des Lebens zu Schatten.

◎　◎　◎

　ノスフェラトゥ──この言葉は、死者の鳥が夜中に鳴く声のように聞こえるのではないだろうか。この言葉を口にしないよう気をつけよ。さもないと、生命に溢れた姿は影のように色あせてしまう。

セリフの背景　映画の冒頭、「1838年、ヴィスボルクでの大量死についての記録」という表紙に続き、上に引用した言葉が現れる。原作もそうだが、この映画はきわめて多くの象徴的イメージや言葉に満ち溢れている。民間の迷信で、フクロウの「ホゥホゥ」という鳴き声は、誰かがまもなく死ぬことを告げていると考えられており、この映画に何度か現れる「Totenvogel 死者の鳥」という言葉はそういったイメージを重ね合わせている。また、「Schatten 影」という言葉も、「悪」や「死」の力が及ぶ領域という意味でかなり多用されている。例えば、伯爵の城で最初の晩を過ごした翌朝、次のように語られる。「Sobald die Sonne stieg, wichen auch von Hutter die Schatten der Nacht. 太陽が昇るとすぐに、フッターから夜の影が消え去っていった。」反対に夜になると、「Das gespenstische Licht des Abends schien die Schatten des Schlosses wiederum zu beleben. 晩方の幽霊のような光が、城の影に再び生き生きとした力を与えたかのようだった。」城での二日目の晩、伯爵に襲われる直前にフッターが読んでいる吸血鬼についての本には、古めかしい言葉でこのように書いてある。「In der Nacht bekrallet selbiger Nosferatu sein Opfer 夜になるとこのノスフェラトゥは彼のいけにえとなる人間に爪を立て und sauget sich zu höllischem Lebenstranke das Blut. 血を吸って、生きながらえるための地獄の飲み物とする。Habet acht auf dass Euch nicht sein Schatten als wie ein Alp mit graußigen Träumen beschwere. 夢魔が恐ろしい夢で重くのしかかる如く、彼の影があなたにおおいかぶさることのないよう気をつけよ。」有名なフュスリの絵にも見られるように、夢魔は悪夢を見ている人の上に乗ってその重さで苦しめるものと考えられていた。ここでは、ノスフェラトゥの「影」もそれと同じようにイメージされている。

　「Schatten影」という言葉そのものは、聖書のなかでは実は肯定的な意味で使われることが多い。砂漠の民にとって、「影」とは照りつける太陽の光から身を守る場所である。悪や死のイメージと重ね合わされた箇所も新約聖書のなかには多少見られるが（マタイ4章16節、ルカ1章79節）、いずれにせよこの映画のなかでは、吸血鬼・ペスト・ネズミという象徴的イメージは、一方では明らかにキリスト教にとっての異教・悪と結びついている。城に着く前日、宿で主人公が手にする吸血鬼についての本の表紙には古いドイツ語で「Von Vampyren, erschrökklichten Geistern, Zaubereyen und den sieben Todsünden ヴァンパイア、恐ろしい幽霊、魔法、七つの大罪について」とある。「Die sieben Todsünden 七つの大罪」は、カトリックの伝統のなかで生まれてきた、「死」（神の命の世界から離れること）へと向かう七つの罪の擬人的表現である。一般に七人の女性によって表現される。

　このように吸血鬼は、明らかに罪や死の宗教的連関のなかでイメージされている。しかしそれとともに、他方では、若い美女の血を吸うというきわめてエロティックな表象も生み出している。この映画のなかでは、そういった性的イメージはいくぶん控え目に表現されているのだが、それでもエレンに迫る吸血鬼の影はそのような力を強くもっている。

18

> # Einen schönen Hals hat Eure Frau ...
>
> ◎　◎　◎
>
> 奥さまは美しい首をお持ちですね。

セリフの背景

　　城に到着して二日目の夜、住居を探している伯爵と仕事の話をしているとき、フッターが持っているロケットの中のエレンの肖像に伯爵の目がとまる。この肖像画は、エレンに危険が迫ることになる、物語上の重要な小道具である。

　ストーカーの原作では「エレン」にあたるミナがきわめて聡明で勇敢に行動するが、この映画では原作のルーシーのキャラクターと一体になり、ノスフェラトゥの力の圏域にある程度引き込まれている（夢遊病的な症状が見られる）。この映画の結末部分は、ストーカーの原作と大きく異なり、エレンが自己犠牲的にノスフェラトゥのいけにえとなり、それによってこの吸血鬼と彼のもたらした疫病の蔓延を食い止めるという設定になっている。そのようにして、原作とはまた異なるかたちで、吸血鬼と結びついたエロティックなイメージを提示していることになる。彼女をそのような自己犠牲へと導くことになったきっかけは、夫が持ち帰った吸血鬼についての本である。フッターがすでに読んだ箇所以外に、エレンは次のような言葉を目にする。「Sindemalen keine andere Rettung fürhanden, es sey denn, daß ein gar sündlos Weyb dem Vampyre den ersten Schrey des Hahnen vergessen mache. 罪の汚れのない女性がヴァンパイアに雄鶏の最初の鳴き声を忘れさせるのでなければ、他には救済の手立てはない。Sie gäbe ihm sonder Zwange ihr Blut. その女は強いられることなく、ヴァンパイアに自分の血を捧げなくてはならない。」エレンは、まさにそのように事を運ぶ。エレンが寝室でノスフェラトゥの犠牲となって

吸血鬼ノスフェラトゥ　恐怖の交響曲

いるシーンは、控え目ではあるが、エロティックな象徴性に満ちている。

　恐怖映画というジャンル自体、ほとんど必然的にさまざまな象徴性を引き寄せる性格をもっているといえるだろう。この最も初期の恐怖映画にも、比較的少ない台詞の中間字幕のなかに、ほとんど過剰なまでにさまざまなメタファーの言葉がちりばめられている。最初の台詞がすでにそうだ。愛する妻に花を摘んで花束にして渡すフッターに、エレンはこう言う。「Warum hast du getötet ... die schönen Blumen...?! どうして命をとってしまうのですか、このきれいな花の？」また次の場面では、嬉々として仕事に向かうフッターに、後で登場する教授が声をかける。「Nicht so hastig junger Freund! Niemand enteilt seinem Schicksal. まあ、そんなに急がないで。運命から逃れられる人はいないのだから。」こういった台詞は、物語の流れそのものからすればいくぶん不自然で、余剰ともいえるものを含んでいる。しかし、それが映画の意味の層に張り渡されることになる。ブルヴァー教授は、原作のヴァン・ヘルシングのような活躍を見せることはないが、大学の研究室で学生たちに食虫植物やポリプを見せる興味深いシーンがある。「Nicht wahr – wie ein Vampyr! どうです、ヴァンパイアのようでしょう」という言葉は、もはや隠喩ではなく直喩そのものなのだが、ここでわれわれが目にする小動物のリアルな生態は、映像的にはメタファーとして、ノスフェラトゥの吸血シーンに重ねあわされることになる。そしてまた、完全にノスフェラトゥの力の配下に置かれた不動産屋クノックが口にする「Blut ist Leben! 血は命だ！」という言葉も、まぎれもなくメタファーであり、そしてまたそのときに飛んでいる蠅を捕まえて食べるという行為もメタファーである。

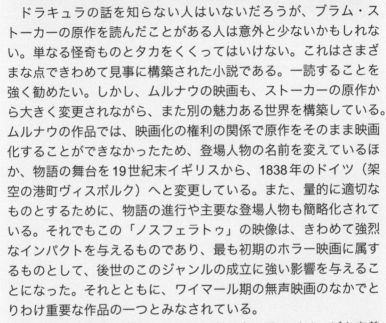

　ドラキュラの話を知らない人はいないだろうが、ブラム・ストーカーの原作を読んだことがある人は意外と少ないかもしれない。単なる怪奇ものとタカをくくってはいけない。これはさまざまな点できわめて見事に構築された小説である。一読することを強く勧めたい。しかし、ムルナウの映画も、ストーカーの原作から大きく変更されながら、また別の魅力ある世界を構築している。ムルナウの作品では、映画化の権利の関係で原作をそのまま映画化することができなかったため、登場人物の名前を変えているほか、物語の舞台を19世紀末イギリスから、1838年のドイツ（架空の港町ヴィスボルク）へと変更している。また、量的に適切なものとするために、物語の進行や主要な登場人物も簡略化されている。それでもこの「ノスフェラトゥ」の映像は、きわめて強烈なインパクトを与えるものであり、最も初期のホラー映画に属するものとして、後世のこのジャンルの成立に強い影響を与えることになった。それとともに、ワイマール期の無声映画のなかでとりわけ重要な作品の一つとみなされている。

　おそらく一般的に考えられているドラキュラのイメージを定着させたのは、ベラ・ルゴシが演じる「魔人ドラキュラ」（1931年）やクリストファー・リーによる「吸血鬼ドラキュラ」（1958年）であろう。マックス・シュレックが演じるムルナウの「ノスフェラトゥ」は、いわばもう一つのイメージの系列を作り上げている。ヴェルナー・ヘルツォークはムルナウへのオマージュとして「ノスフェラトゥ」（1979年）という同名の傑出した作品を制作しているので、こちらも必見である。ちなみに、マーヒッジ監督の「シャドウ・オブ・ヴァンパイア」（2000年）では、ノスフェラトゥを演じたマックス・シュレックが本物の吸血鬼だったという設定で、ジョン・マルコヴィッチがムルナウを演じている。

③ メトロポリス
Metropolis

フリッツ・ラング監督

▶ **脚本**◎テア・フォン・ハルボウ
▶ **撮影**◎カール・フロイント、ギュンター・リッタウ
▶ **音楽**◎ゴットフリート・フッペルツ
▶ **出演**◎ブリギッテ・ヘルム、アルフレート・アーベル、グスタフ・フレーリヒ、ルドルフ・クライン＝ロッゲ、ハインリヒ・ゲオルゲ、テオドア・ロース、フリッツ・ラスプ他
▶ **製作年等**◎1927年、約150分（2010年復元版）、モノクロ。2001年ユネスコ「世界の記憶」登録

巨大な未来都市メトロポリス——その上層部では優美で快適な生活が営まれている一方、下層部では労働者たちが、都市の機構を支える機械を動かすために、過酷な勤務を強いられていた。都市の支配者フレーダーセンの息子フレーダーは、あるとき、地下都市から子どもたちと一緒に出てきたマリアと出会い、彼女に一目惚れする。マリアに再会するために地下都市に降りていったフレーダーは、労働者たちの悲惨な実態と機械の非人間性を知る。一方、マリアはフレーダーが支配階級と労働者の調停者になると確信する。マリアを危険な存在と感じたフレーダーセンは、発明家ロートヴァングに命じて、マリアに似せた機械人間を作らせようとする。しかし、ロートヴァングはかつての恋敵フレーダーセンに復讐するために、メトロポリスの破壊をたくらんでいた。マリアの姿をした機械人間は、妖艶な踊りで地下都市の人々を惑わし、彼らは都市の心臓部を破壊する。だが、そこには彼らの子どもたちが残されていた…

写真協力：㈶川喜多記念映画文化財団

22

Deine herrliche Stadt, Vater – und Du das Hirn dieser Stadt – und wir alle im Licht dieser Stadt... und wo sind die Menschen, Vater, deren Hände Deine Stadt erbauten?

◎　◎　◎

　お父さん、このすばらしい都市や——あなたがこの都市の頭脳ですが——私たちみんなは、この都市の光のうちにあります。でも、その手によってあなたの都市を作った人たちはどこにいるのでしょう。

セリフの背景

　　　　　この映画では、空間的にも明確に区分された二つの階級からなる社会が設定されている。都市の下層部での労働者の現実を知った主人公のフレーダーは、支配者である父と話して、都市の繁栄を支える労働者たちに心を向けさせようとする。「Wo sie hingehören... 彼らがいるべきところに」という言葉で体制の維持を表明する父に対して、フレーダーは「Und wenn die in der Tiefe einmal aufstehen gegen Dich? もし地下の人たちがあなたに反旗を翻したら？」と問いかける。実際、この映画では地下の労働者たちの反乱によって、支配階級の社会の機構が破壊され、労働者たちは地上に生活の場を移すことになる。労働者は、支配階級の優雅な生活を支えるために非人間的な労働環境に置かれ、機構の一部だけにしか関与しないことで、自分たちが仕える機械からも疎外されている。こういった労働者の支配階級に対する反乱という構図は、いうまでもなくマルクス主義の基本的な枠組みを思い起こさせる。

　しかしこの映画では、労働者による革命が称揚されているわけでは決してない。労働者による秩序の破壊は、結局は彼ら自身の生活を破

壊することにつながる。最終的に、支配階級と労働者は調停的存在を通じて和解するというメッセージが、この映画では何度も繰り返される。映画のなかでこのもう一つの軸に深く関わっているのが、キリスト教的なモティーフである。カタコンベ（地下納骨堂）の中で労働者たちに説教をするマリア、そして彼女を崇拝する労働者たちの姿には、強烈にカトリック的なイメージが重ね合わされている。彼女が説教をするバベルの塔の物語は、旧約聖書（創世記11章1－9節）を下敷きにしながらも、この映画を象徴するようにかなりの変更が加えられており、興味深い。人間が塔の建設を思い立ち、自尊心で高ぶるところまでは基本的に聖書と変わらない。「Aber die den Turm Babel erdachten, konnten den Turm Babel nicht bauen. しかし、バベルの塔を考え出した者たちは、塔を建てることができなかった。Allzu gross war das Werk. その仕事があまりに大きなものだったからだ。Da warben sie fremde Hände um Lohn ... そこで、金を払って他人の手を求めることにした。Aber die *Hände*, die den Turm Babel erbauten, wussten nichts von dem Traum, den das *Hirn*, das ihn erdacht hatte, träumte. しかし、バベルの塔を建てた手には、この塔を考え出した頭脳が思い描いた夢のことは何もわからなかった。」ここで述べられる「手」と「頭脳」とは、いうまでもなく、それぞれ労働者および支配階級の知識人を指す。「Gleiche Sprache sprechend, verstanden die Menschen sich nicht... 同じ言葉を話しながらも、これらの人々は互いに理解し合わなかった。」これも、バベルの塔建設の顛末としての人間の言語の混乱という聖書の記述と大きく異なる。ここで問題となるのは、人間の言語の混乱ではなく、あくまでも「頭脳」と「手」の乖離にある。宗教的ニュアンスを強調する映像のうちに、階級対立のテーマが組み込まれることによって、これらの階級の「調停者」がこの二つの軸の媒介者としても現れることになるのだ。

> **Hirn und Hände wollen zusammenkommen, aber es fehlt ihnen das Herz dazu ... Mittler Du, zeige ihnen den Weg zueinander...**
>
> ◎　◎　◎
>
> 〈頭脳〉と〈手〉とは互いに理解し合おうとしているのだけれど、そのためには〈心〉が欠けているのです。調停者であるあなたが、互いに歩み寄る道を示してください。

セリフの背景

　映画の最後、水没した地下都市から労働者の子どもたちを無事救い出し、機械人間の偽マリアの呪縛や、それを作り出したロートヴァングの悪意からも解放されて、マリアはこのようにフレーダーに語りかける。そしてフレーダーは、支配階級を代表する父親と労働者社会の代表であるグロートの手をとる、という寓意的な映像でこの映画は締めくくられる。

　しかし、この映画に圧倒的な力を与えているのは、こういったポジティブなメッセージよりも、むしろ労働者を抑圧し搾取する都市の機構の映像であり、そして「機械人間」による人間の誘惑、それによって生じる狂乱状態の描写だろう。本物のマリアがいわば「聖女」として描かれているとすれば、機械人間の偽マリアが表しているのは、「ヨハネの黙示録」で語られる「バビロンの大淫婦」であり、また「七つの大罪」や「死神」である。父親とともにいる淫蕩な姿となったマリアを見て、病の床に臥すことになったフレーダーは、「Sieben Todsünden 七つの大罪」の七つのアレゴリー像や「der Tod 死神」によって都市が脅かされている幻影を見る。「Der Tod ist über der Stadt！死が都市を覆っている！」

もう一つ、この映画のなかできわめて緊迫した力を与えているのは、悪の化身として描かれる偽マリアに対して群衆の怒りの矛先が向けられ、人々が理性を欠いた暴動へと駆り立てられる場面である。偽マリアに扇動されて、労働者たちは都市機構の中枢を破壊するが、それによって地下都市は水没する。彼らは怒りのあまり、自分たちの子どもを地下都市に残したままであることを忘れていた。労働者たちのトップにあるグロートは、彼らに怒鳴る。「Wo sind Eure Kinder??! お前たちの子どもはどこだ？（...）Wer hat Euch geheissen, Euch an den Maschinen zu vergreifen, ohne die Ihr alle verrecken müsst, Ihr Idioten??! 誰が機械をぶち壊せと命じたんだ？ 機械がないと、お前たちみんな死ぬしかないんだぞ、このバカ者め！」それに対して労働者の群衆は、「Die Hexe ist schuld! あの魔女のせいだ！」とすべての責任を偽マリアに負わせる。この映画のなかでは、ここで初めて「魔女」という言葉が出てくるが、ここからの情景は完全に魔女狩りの様相を呈してくる。「Sucht die Hexe, die schuld ist an allem! Schlagt sie tot!! あの魔女を探せ、全部あいつのせいだ！ あいつを殺せ！」先ほどは偽マリアの言葉によって機械の破壊に駆り立てられた群衆は、今度はこのグロートの言葉によって、再び別の意味で暴徒化してしまう。実際、「メトロポリス」の歓楽街「ヨシワラ」（！）で踊り狂って人間たちの理性を失わせ、「Wir wollen zusehen, wie die Welt zum Teufel geht! 世界の没落を見物しましょう！」と笑う偽マリアは、確かに魔女そのものなのだが。その後、本物のマリアが「魔女」として捕まりそうになるが、最終的には偽マリアが火刑台に乗せられる。「Verbrennt die Hexe. – Auf den Scheiterhaufen mit ihr !!! 魔女を火あぶりにしろ！ あいつを薪の山に乗せるんだ！」確かにこの火あぶりによって、「マリア」と信じていたものが機械にすぎないことが群集にもわかり、悪は取り去られる。しかし、それでもなお、ここで描き出される群衆の扇動と彼らの暴徒化の情景は、まさにこの時代の情景として不気味な力でわれわれに迫る。

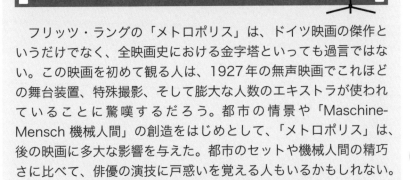

『メトロポリス』について

　フリッツ・ラングの「メトロポリス」は、ドイツ映画の傑作というだけでなく、全映画史における金字塔といっても過言ではない。この映画を初めて観る人は、1927年の無声映画でこれほどの舞台装置、特殊撮影、そして膨大な人数のエキストラが使われていることに驚嘆するだろう。都市の情景や「Maschine-Mensch 機械人間」の創造をはじめとして、「メトロポリス」は、後の映画に多大な影響を与えた。都市のセットや機械人間の精巧さに比べて、俳優の演技に戸惑いを覚える人もいるかもしれない。こういった過剰とも見える演技は、基本的に無声映画にある程度共通して見られる特徴だが、それにしても「機械人間」として人間を惑わせるブリギッテ・ヘルムの演技は圧巻である。

　この映画は、現在でこそ不動の地位を獲得しているが、1927年当初、とりわけ英語圏では否定的な評価が大勢を占め、上映ではオリジナルの脚本を大きく編集しなおした版が用いられた。ドイツでもプレミア上映の後は、基本的に一般公開用の短縮版が用いられている。そういった過程で、「メトロポリス」には数多くの版が存在することになった。その後の「メトロポリス」の復元・再受容の歴史のなかでとくに言及すべきものとして、まずは1984年のジョルジオ・モロダー版があげられる。ミュージシャンのモロダーは、ロック音楽のサウンドトラックを加え、プリントに着色をほどこして上映した。さらに、2001年には散逸したと思われていたフィルムが新たに発見されて世界を驚かせたが、2008年、今度はブエノスアイレスでほぼ完全な外国用のオリジナル版が発見され、2010年にドイツで上映された（2010年版）。現在、われわれはこの「完全復元版」を手にしているが、ただし、これも1927年のプレミア上映と比べると欠落箇所がある。いずれにせよ、現在では従来と比べて、格段に美しい画像とオリジナルの音楽でこの映画を楽しむことができる。

メトロポリス

嘆きの天使
Der blaue Engel

ジョセフ・フォン・スタンバーグ監督

▶脚本◎カール・ツックマイアー、カール・グスタフ・フォルメラー
▶撮影◎ギュンター・リッタウ
▶編集◎ヴァルター・クレー
▶音楽◎フリードリヒ・ホレンダー
▶美術◎オットー・フンテ
▶出演◎エミール・ヤニングス、マレーネ・ディートリヒ、ローザ・ヴァレッティ、クルト・ゲロン他
▶製作年等◎1930年、99分、モノクロ

ストーリー

　ある小都市のギムナジウムで英語を教えるラート教授は、ひたすら真面目な堅物で、学生たちからは「ウンラート」というあだ名で呼ばれていた。ある日、学生の一人がヴァリエテ歌手（ローラ）の写真を持っているのを知り、学生たちがいかがわしい世界に出入りするのをやめさせようと、夜、その酒場に自ら出かけて行く。逃げ出した学生たちを追って、ローラの控室に迷い込んだ教授は、ローラに学生たちを誘惑しないでほしいと抗議するのだが、次第に自らローラの魅力に引き込まれていく。学生の策略で二度目にローラを訪れたとき、ローラにいい寄る船長と騒ぎにまでなり、その晩は結局ローラの部屋に泊まる。教授は結局ローラと結婚し、一座と行動を共にすることになる。何年か経ち、この一座は教授のいた街で再び興行を行うことになり、町の人たちはこぞってこの出し物を見にやってくる。だが、ローラにいい寄る伊達男に彼女の心が傾いているのを見て、教授は舞台上で完全に我を失ってしまう…

写真協力：㈶川喜多記念映画文化財団

> *Ich bin von Kopf bis Fuß auf Liebe eingestellt,*
> *denn das ist meine Welt und sonst gar nichts.*
>
> ◎　◎　◎
>
> 　私は頭のてっぺんから足の先まで恋のことしか頭
> にないの。だってそれが私の世界で、それしかない
> から。

セリフの背景

　「嘆きの天使」といえば、舞台の上でローラを演じる
マレーネ・ディートリヒが樽に腰かけ、その「美脚」
（ということになっている）を手で抱えている写真があ
まりに有名だが、そこで歌われているのがこれだ。こ
の映画の物語の主軸になっているのは、堅物のギムナジウム教授が、
社会的にまったく対照的な位置にあるヴァリエテ歌手に入れ込むこと
によって転落していくプロセスだが、それとともにこの映画を魅力あ
るものとしているのが、ワイマール時代のヴァリエテの生き生きとし
た描写である。この時代、文学的・政治的性格を一般により強くもち、
挑発的・諷刺的な歌や詩などの朗読も行っていたカバレット（キャバ
レー）に対して、ヴァリエテでは歌・踊り・手品などの多彩なショー
が繰り広げられ、はるかに大衆向けの性格であった。学生たちの素行
を調べるためにラート教授が向かう酒場「*Der blaue Engel* 青い天使」
（これがなぜか「嘆きの天使」として定着している）では、ローラが
歌っている。「*Ich bin die fesche Lola, der Liebling der Saison! 私
は小粋なローラ、このシーズンの人気者 Ich hab' ein Pianola zu
Haus' in mein' Salon. 私はうちのサロンにピアノーラをもっている
Ich bin die fesche Lola, mich liebt ein jeder Mann 私は小粋なロー
ラ、みんな私が大好き doch an mein Pianola, da laß ich keien ran!*
だけど私のピアノーラには誰もさわらせない！」

嘆きの天使

29

ヴァリエテ歌手として歌うマレーネ・ディートリヒと並んで、この映画のもう一つの見どころは、座長の妻を演じるローザ・ヴァレッティの迫力ある演技である。彼女はこの映画のなかだけでなく、自らベルリンでカバレットを創設して実際にステージに立っていた。ここではローラの歌う最初のナンバーに続けて、彼女自身の歌声を披露している。「*Kinder, heute abend, da such ich mir was aus* お前さんたち、今夜は男を見つけ出すよ *einen Mann, einen richtigen Mann!* ほんものの男をね！ *Kinder, heute abend, da nehme ich was nach Haus* お前さんたち、今夜は男をうちに連れて帰るよ *einen Mann, einen richtigen Mann!* ほんものの男をね！」（この歌は後でローラも歌う。）

　二回目に教授がこの店を訪れたとき、教授はローラにいい寄る船長をいわば撃退したかたちになる。そのあとローラが舞台で歌うのがはじめに引用した有名な曲である。「恋のことしか頭にない」というこの歌は、さらに次のように続く。「*Das ist, was soll ich machen, meine Natur.* それが、どうしようもないのだけれど、私の性(さが)なの *Ich kann halt lieben nur* 私はとにかく愛することしかできないんだから *Und sonst gar nichts.* それ以外には何もできないの *Männer umschwirr'n mich* 男たちは私のまわりを群がって飛んでいる *Wie Motten um das Licht.* 蛾が光のまわりに群がるように *Und wenn sie verbrennen,* それで焼け死んだとしても *ja, dafür kann ich nicht.* 私には何もしてあげられない」このステージで、教授はローラにすっかり陶然となってしまう。映画の結末近く、伊達男のマゼッパにローラが心を奪われ、頭に血が上って大騒ぎを起こした教授が取り押さえられたあと一座を去ってゆく場面で、この同じ歌が再びローラによって少し寂しげに歌われる。まさに物語をそのまま体現するこの歌は、そこでは何とも切なく響いている。

Herr Professor, es riecht hier nach Unrat!

◎　◎　◎

先生、このへんで生ゴミ（ウンラート）のにおいがしますよ！

セリフの背景　二回目に酒場「青い天使」に行ってローラにメロメロになった晩、泥酔した教授は結局ローラの部屋に泊まってしまう。朝になってローラの言葉は「Komm doch, Schatzi, der Kaffee wird kalt! 来て、あなた。コーヒーが冷めちゃうわよ」と完全に親しい間柄になっている。8時の鐘が聞こえて学校の始業時間が来たことに初めて気がついた教授は、急いでギムナジウムに出かけるが、遅刻して教室に入った教授を迎えたのは、ローラに舞い上がった教授の姿を見事に描いた落書きだった。学生たちは、昨夜の教授の振る舞いをすべて見ていたのだ。あわてて消そうとする教授に、昨夜の学生の一人が上に引用した言葉を投げかける。教授の「Rath ラート」（原作の小説ではRaat）という名前は、Rat（助言）という言葉と同じ音だが、学生たちは否定的意味を付与するUn- という言葉をその前につけ、「Unrat ウンラート」（＝生ゴミ、汚物）というあだ名でこの教授を呼んでいた。日ごろ謹厳な生活を学生たちに要求する教授の、あろうことか酒場の歌手との色ごとに対して、学生は痛烈な言葉遊びの皮肉を投げかけたことになる。

　こういった言葉遊びは、単にくそまじめで頭の固い教授を笑い物にするというよりも、ギムナジウム教授が体現するようなドイツ教養市民層(Bildungsbürgertum)の価値全体に対して向けられたものともいえる（原作のハインリヒ・マンの小説ではその性格はいっそう際立っている）。現在のギムナジウムではこの映画で描かれているような光景はおよそありえないが、この時代には社会的エリートの学校としての

ギムナジウムでは、「教養」という価値をよりどころとする権威主義的教育が行われ、その教師はまさに「教授」として高い社会的威信をもつものであった。酒場での興行を行う一座と教授という組み合わせは一つの両極であり、そのギャップは彼らの使う言葉そのものにも如実に表れている。例えば、教授の「プロポーズ」のシーンでは、「Würden Sie dieses als Geschenk von mir annehmen? Und darf ich gleichzeitig um Ihre Hand anhalten? これを私からのプレゼントとして受け取っていただけますでしょうか。そしてまた、あなたのお手をとらせていただけますでしょうか」と、きわめて丁寧な教養人の言葉が用いられている。それに対して、ローラは「Mich willste (=willst du) heiraten?! 私と結婚しようってぇの？」と下品に答えて爆笑する。

　一座が教授の街に戻って再び「青い天使」で公演を行うシーンで、ピエロの格好をさせられた教授が、「アウグスト」という名前で手品の「助手」として舞台に引っ張り出され、さんざん笑い物にされる。ここでも、堅物の元教授には教養市民層の価値そのものが重ね合わされている。座長は手品の進行に際して、教授のかぶるシルクハットに何もないことを「Leer! 空っぽです！」という言葉で示すとともに、教授の頭もポンと叩いて「Alles leer! すべて空っぽです！」と言う。観客は爆笑するが、もちろん元教授の頭が「空っぽ」という意味である。座長が続いてピストルで撃つと、シルクハットから鳩が飛び出し、座長はUnd schon hat mein August keinen Vogel mehr! と韻を踏んだ口上を述べる。これはeinen Vogel haben（鳥をもっている＝頭がいかれている）という言い回しによる言葉遊びで、文字どおり「鳥がいなくなった」ので、「これで頭がまともになった」と言っているわけだ。ここで「ひどい！」と抗議の声をあげる観客は、きちんとした身なりをしている。彼も教養人として抗議しているのだ。

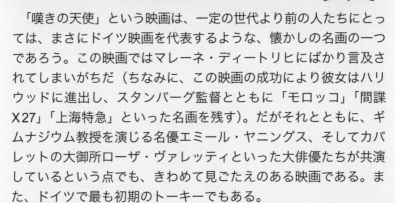

『嘆きの天使』について

　「嘆きの天使」という映画は、一定の世代より前の人たちにとっては、まさにドイツ映画を代表するような、懐かしの名画の一つであろう。この映画ではマレーネ・ディートリヒにばかり言及されてしまいがちだ（ちなみに、この映画の成功により彼女はハリウッドに進出し、スタンバーグ監督とともに「モロッコ」「間諜X27」「上海特急」といった名画を残す）。だがそれとともに、ギムナジウム教授を演じる名優エミール・ヤニングス、そしてカバレットの大御所ローザ・ヴァレッティといった大俳優たちが共演しているという点でも、きわめて見ごたえのある映画である。また、ドイツで最も初期のトーキーでもある。

　この映画の主人公は、原作であるハインリヒ・マン（トーマス・マンの兄）の小説『ウンラート教授』の表題が示すとおり、本来、ヤニングスの演じるラート教授である。小説では、彼は妻に先立たれ、女遊びのために絶縁された息子をもつギムナジウム教師で、生徒たちに難題を吹きかけていたぶる陰険な性格の持ち主である。しかし、映画ではそういったキャラクター設定に大きく変更が加えられており、教授は、確かに堅物で厳しくはあるが、むしろ不器用で純朴な人物として描かれている。そのため、結末であのように行きすぎと思えるほど（教授を見て大笑いしている観客に交じって、顔をしかめている人もいる）徹底的に笑い物にされ、ローラからも見捨てられる様を見ていると、彼のあまりにも哀れな末路が痛ましい。それはともかくとして、この教授に戯画的に重ね合わされている教養市民層の価値や生き様を笑い物にするということは、実は、「映画」というメディアの受容の在り方そのものにもある程度関わっている。というのも、ワイマール時代に一つの黄金時代を築く映画は、「教養人」のではなく、何といっても「大衆」の娯楽の手段だったからである。

5 M
M – Eine Stadt sucht einen Mörder

フリッツ・ラング監督

▶**脚本**◎テア・フォン・ハルボウ、フリッツ・ラング
▶**撮影**◎フリッツ・アルノ・ヴァーグナー
▶**編集**◎パウル・ファルケンベルク
▶**美術**◎エミール・ハスラー、カール・フォルブレヒト
▶**出演**◎ペーター・ロレ、グスタフ・グリュントゲンス、オットー・ヴェルニケ、テオ・リンゲン、テオドア・ロース、パウル・ケンプ、フリッツ・オデマー、インゲ・ラントグート他
▶**製作年等**◎1931 年、117 分（オリジナル版）、モノクロ

ストーリー

　ワイマール時代のドイツ。小さな子どもの殺害事件が相次いで起こり、犯人には賞金がかけられている。そんななか、少女エルジーはある男に風船を買ってもらって連れ去られ、殺害される。人々は子どもの連続殺害事件にパニック状態となり、警察も必死の捜査と怪しい人物の取り調べを行う。一方、警察の取り調べ強化のために、暗黒街の犯罪者たちも「仕事」がやりにくくなり、彼らは自分たちで犯人を見つけ出そうとする。そのために、彼らは乞食や浮浪者たちを組織化し、街に配置する。エルジー誘拐の際に犯人に風船を売った盲目の男は、あのときと同じ口笛の旋律に気づき、仲間に知らせる。そのうちの一人は、白チョークで「M」と書いた手を犯人の上着の肩に押し付け、その文字を目印とする。犯人はあるビルに逃げ込むが、暗黒街の犯罪者たちの協力によって捕まえられ、ある廃屋に連れてこられる。そこでは、犯罪者と仲間たちが待ち受けており、犯人に対する「裁判」が開かれることになる…

写真協力：㈶川喜多記念映画文化財団

„Onkel, du hast dich ja ganz weiß gmacht!" –
„Wo denn?" – „Da, auf der Schulter!"

◎　◎　◎

「おじさん、ほら真っ白になってるよ。」―「え、ど
こ?」―「ほら、肩のところ」

セリフの背景　　　少女を連れ去ろうとする犯人が、何も知らないこの
少女に指摘される。男がショーウィンドウに背中を映
すと、肩のところに白い「M」の文字がくっきりと浮
かび上がっている。この映画のなかでも最も有名な

M

シーンの一つだろう。「M」はMörder(殺人者)を表している。

　この映画が犯罪もののサスペンス映画であることは間違いない。犯
人が少女を連れ去ろうとする場面、警察の捜査、そして暗黒街の犯罪
者たち。ラング自身の「飾り窓の女」(1944年、アメリカ)など、後
のフィルム・ノワールへとつながってゆくような雰囲気や色調を漂わ
せている。警察の捜査会議と犯罪者たちの相談がパラレルに展開され
てゆく展開、「M」の文字を焼印のように押された犯人が追跡されてゆ
く場面、さらには犯罪者たちが犯人の隠れているビルに深夜押し入り、
限られた時間のなかで犯人を捜し出す場面など、犯罪映画の緊迫感に
満ちている。

　しかし、この映画では決して単純に破滅的な主人公の犯罪を暴きだ
すことだけが描かれているわけではない。ほとんどヒステリックな状
態に陥った社会の描写は、この映画のなかで非常に重要な意味をに
なっている。「Jeder Mensch auf der Straße kann der Täter sein.
街中の誰でも犯人の可能性があるのです。」疑心暗鬼になった市民どう
しが罵倒しあい、匿名の手紙によって一般市民の家庭が家宅捜索を受
ける。

かなりリアルに描かれているのは、たまたま路上で少女に話しかけられた男の顛末だ。「Können Sie mir sagen, wie spät es ist? すみません、今何時ですか？」と小さな女の子に話しかけられた紳士は、答えたあと親切に女の子にアドバイスする。「Jetzt musst du aber schnell nach Hause. Wo wohnst du denn? だけどもう急いでお家に帰らないとね。どこに住んでるの？」そこに別の労働者風の男が現れ、ベルリン訛りで口をはさむ。「Wat jeht'n det Sie an, wo det Kind wohnt?（=Was geht das Sie an, wo das Kind wohnt?）その子がどこに住んでんのか、おめえさんに何の関係があるんでぃ」「Wie? Bitte? なんですと？」「Wat woll'n Sie denn von die Kleene?（=Was wollen Sie denn von der Kleinen?）その子をどうしようってんだよ。」「Gar nichts will ich. Was wollen Sie denn überhaupt? 何もしようと思っていませんよ。あなたいったい何が言いたいんですか。」それを聞きつけ、あたりの人が集まってくる。「Was'n los hier? いったい何事ですか。」労働者風の男は、「Der hat'n kleenes Mädchen angequatscht! こいつが小せい女の子に話しかけてたんだよ。」紳士はいきりたって、「Lassen Sie mich doch los! Ich habe das Kind doch gar nicht angesprochen! 放してくださいったら！ 私はあの子に全然話しかけてなんかいませんよ！」「Ham die Kleene（=Sie haben die Kleine）wohl verschleppen wollen, was? おめえさん、あの子を連れてこうとしたんだろう、えぇ？」そこに全然関係のない女まで口を出してくる。「Ja, und dann umbringen wie die anderen. そうよ！ そして、他の子みたいに殺そうとしたんだわ！」群衆は口々に「Das ist der Mörder! こいつが人殺しだ！」「Ruft die Polizei! 警察を呼べ！」と騒然とし、男はひきずってゆかれる。この群衆には理性的な振る舞いなどまるでない。この映画の恐怖は、犯罪そのものよりもむしろ群衆のヒステリー状態にある。

Ihr habt kein Recht, mich so zu behandeln!
Ihr habt kein Recht, mich hier festzuhalten!

◎　◎　◎

　おまえたちには、私をこんなふうに扱う権利なんてない！　お前たちには、私を拘束する権利なんかない！

M

セリフの背景　　警察より先に犯人を捕まえた犯罪者たちは、自分たちだけで「裁判」を開く。映画のクライマックスにおかれたこのシーンは、映画全体のなかでもかなりの時間を占めている。

　このシーンには主に二つの軸がある。一つは、犯人の独白によって犯行の理由が明らかになる軸であり、もう一つは、この殺人者に対する犯罪者たちの反応である。確かに、この私的制裁を遂行しようとしているのは犯罪者たちだ。しかし、彼らの反応は、映画の冒頭で描かれた一般市民、一般の群衆の反応と基本的に変わるところはない。

　犯人の長い独白は、基本的に彼の病的性格を強調するものとなっている。「Immer... immer muss ich durch Straßen gehen... いつも…いつもいろんな通りを歩き回ってしまう。Und immer spür ich, es ist einer hinter mir her... そしていつも、誰か自分の後をつけているように感じるんだ。Das bin ich selber! それは自分自身だ！ Und verfolgt mich... lautlos... aber ich hör es doch... 音もなく私の後をつけてくる…でもその音が聞こえるんだ。Ja! Manchmal ist mir, ...als ob ich selber... hinter mir her liefe! そうなんだ、ときどき、自分自身が自分の後ろをつけているような感じがするんだ！ Ich will davon... vor mir selber davon laufen, – aber ich kann nicht! Kann mir nicht entkommen! それから、自分自身から逃げようとす

る。でも、できない。自分から逃げられないんだ！」彼はさらに続ける。「Und mit mir rennen die Gespenster von Müttern... von Kindern... そして、自分と一緒に、母親たちや、それに子どもたちの幽霊が走ってくる。Die geh'n nie mehr weg... Die sind immer da! そいつらは絶対に離れようとしない。そいつらはいつもいるんだ！」それから逃れられるのは、誰かを殺すときだけなのだ。「Dann weiß ich von nichts mehr... それから何もわからなくなる。Dann... dann stehe ich vor einem Plakat und lese, was ich getan habe, und lese und lese... Das habe ich getan?? それから…張り紙の前に立って自分がやったことを読むんだ。何度も何度も読む…これはオレがやったのか？ Aber davon weiß ich doch gar nichts! だけど自分ではそのことは何も知らない！ Aber wer glaubt mir denn? だけど誰が私のことを信じてくれる？ Wer weiß denn, wie es in mir aussieht? 私の内側がどんなになっているか、誰がわかる？ Wie es... schreit und brüllt da innen! 私の内側で叫び吠えたてているのを！ Wie ich's tun muss! そうせざるを得ないのを！ Will nicht! Muss!! したいんじゃないんだ！ どうしても、そうしてしまうんだ！」

　魂の叫びとして描かれるこの言葉に対して、「裁判長」を務める犯罪者のリーダーは、「Und damit hat er sich selber sein Todesurteil gesprochen. その言葉で、彼は自分の死刑宣告を告げたわけだ」と言い放つ。「Dieser Mensch muss ausgerottet werden! Dieser Mensch muss weg! こういう人間は根絶しなければいけない。こういう人間はいなくなってしまわなければならないんだ！」確かに、異常な殺人者に対する一般的な心情からすればもっともな言葉にも聞こえる。しかし、ここで描き出されているのは、悪に対する正義の裁きではなく、むしろ扇動者の大衆操作の言葉と、理性的判断からかけ離れて無批判にそれに従う群衆の反応でもある。

『M』について

ドイツでトーキーが導入されたのはほぼ1930年であり、1931年の「M」は、ドイツの重要なトーキーとしては最も初期の作品に属する。この映画のなかでは、犯人が口笛で吹くグリーグの「ペール・ギュント」の「山の魔王の宮殿にて」の旋律が重要な役割を果たしており、まさにトーキーであるがゆえの仕掛けとなっている。一般市民や私的裁きの場での犯罪者たちが理性をなくした烏合の衆と化してゆくさま、そして犯人の長い独白は、まさにトーキーであるがゆえに観る者に強力に迫ってくる。

この映画が作られた時代は、ヒトラーが政権を掌握する1933年1月の少し前ということになる。ここで描かれている社会は、そのような時代の流れに重なり合う。確かに異常な殺人鬼の行動や病理は、彼個人に特有なものだろう。しかしその異常性は、この映画のなかでは、社会そのものの病理の一部とも見えてくる。その意味で、ワイマール時代の群衆を代弁する犯罪者たちも、共犯者といえるかもしれない。だからこそ「おまえたちには、私をこんなふうに扱う権利なんてない！」という犯人の言葉が彼らに向けられることになるのだ。

同じことは、犯人を追うもう一つの組織である警察についてもいえる。これら二つの組織はどちらも同じように薄汚い。警察の中心人物であるローマン警部は、同時代の画家ジョージ・グロスの描く俗悪な成金のようにも見える（警察に捕まった犯罪者の手下の尋問の前にローアングルで撮られるローマンのショットはショッキングだ）。乞食を組織化する犯罪者と警察という構図は、ブレヒトの「三文オペラ」をすぐさま思い起こさせる。この辛辣で諷刺的な歪曲を伴った社会批判が、ワイマール文化を強く特徴づけるものである。

6 會議は踊る
Der Kongreß tanzt

エリク・シャレル監督

▶脚本◎ノルベルト・ファルク、ロベルト・リープマン
▶撮影◎カール・ホフマン
▶編集◎ヴィクトル・ゲルトラー
▶音楽◎ヴェルナー・リヒャルト・ハイマン
▶出演◎リリアン・ハーヴェイ、ヴィリ・フリッチュ、コンラート・ファイト、カール＝
　　ハインツ・シュロート、オットー・ヴァルブルク、パウル・ヘルビガー、アデー
　　レ・ザントロック他
▶製作年等◎1931年、94分、モノクロ

ストーリー

　　1815年、「ウィーン会議」のために各国の首脳が次々とウィーンに集まっていた。その会議を有利に進めるために、オーストリアの外相メッテルニヒはさまざまな術策をこらしていた。一方、街で手袋を売るクリステルは、店の前を通る馬車に花束を投げつけ、手袋の宣伝を行っていたが、ロシア皇帝にも花束を投げつけたために鞭打ちの刑を宣告される。彼女に想いを寄せるメッテルニヒの枢密書記官ペーピは気が気でないが、クリステルは、彼女のことを耳にしたロシア皇帝から刑を免除され、彼女は身分を隠した皇帝と居酒屋に向かう。翌日、彼女はさらに皇帝の別荘に迎えられ、夢のような気分になる。メッテルニヒはロシア皇帝抜きで会議を進めたいため、これを好都合と考えるが、皇帝は逢引に替え玉を使い、自らは会議に出席してメッテルニヒを驚かせる。替え玉を使いつつもクリステルに惹かれるロシア皇帝、権謀術策を弄するメッテルニヒ、クリステルを案じるペーピ、それぞれの思いが交錯する…

写真協力：㈶川喜多記念映画文化財団

40

Das ist eine Sache für dich, Pepi. Behalt das Mädel im Auge, und hilf ein bisserl nach, wenn es nötig sein sollte. Verstanden?

◎　　◎　　◎

ペーピ、これはおまえ用の仕事だ。あの娘から目を離すな。そして、必要があれば、少しばかり後押ししてやるんだ。わかったな？

セリフの背景

「Gestern der König von Württemberg, heute der König von Preußen, morgen Alexander von Russland! 昨日はヴュルテンベルク国王、今日はプロイセン国王、明日はロシアのアレクサンドル！ Dann sind alle Fürsten Europas in Wien versammelt. そしてヨーロッパの諸侯がみんなウィーンに集結する！」映画の冒頭、ウィーン会議を準備する人たちの様子が描写される。祝祭的な雰囲気の一方で、「Das Schicksal Europas muss ausgerechnet in Wien entschieden werden? ヨーロッパの運命はよりによってウィーンで決定されなくてはならないのか？」といううんざりした声も聞こえる。この会議を牛耳っていたのが、よく知られているようにオーストリアの外相メッテルニヒだ。彼が伝声管を使って外交官などの私的発言を盗聴し、書簡を光の透過で盗み読みする様は面白い。盗聴するさまざまな発言のうち、メッテルニヒはある外交官（おそらくタレイラン）の言葉に耳をそばだてる。「Er macht eine wichtige Sitzung, aber zugleich lädt er uns nur zum Ball! あいつは重要な会議を開くのに、われわれは舞踏会に招待されるだけだ！ Aber die große Politik macht er ganz allein! 彼は重要な政治案件を一人で進めている！ Er ist gefährlich, der Metternich! メッテルニヒ、あいつは危険な奴だ。」メッテルニヒ

は「Der versteht mich! こいつはおれのことがわかっている」と笑いながら認める。

　こういった権謀術策のなかに、ロシア皇帝と街娘クリステルとのロマンスが入り込んでくる。引用したのは、ロシア皇帝が会議に出てこないように、皇帝を娘とくっつけてしまえというメッテルニヒの指示だが、彼は、ペーピがこの娘と知り合いで、彼女に想いを寄せていることを知らない。ペーピはこのつらい指示に「Gewiss, Exzellenz. 承知しました」と答えたあと、「Wie Exzellenz so richtig bemerken, das ist eine Sache für mich! 閣下のおっしゃるとおり、これは確かに私に関わることだ」と独り言を言う。「お前用の仕事 eine Sache für dich」と「私に関わること eine Sache für mich」という言葉遊び的対応は、この入り組んだ状況設定とともに、まさに喜劇にふさわしいものだ。ちなみに独り言の演出も、映画というよりも、舞台の演技に属する。

　映画全体がこのような喜劇の性格をいたるところで発揮している。居酒屋で皇帝の肖像を彫った金貨から、逢引の相手がロシア皇帝であるとわかる場面も、喜劇に典型的に見られる小道具を用いた設定・演出の一つだ。また、皇帝が花を受け取るかどうか、クリステルとペーピが店の前で様式的ともいえる言い合いをする場面（「Er kriegt sie (=Blumen) doch! 花を受け取るわよ！」「Er kriegt sie nicht. 花は受け取らない！」）も楽しい。まったく同じような言い合いが、皇帝の別荘でも行われる。ペーピは、別荘に一人取り残されたクリステルを訪ね、「Aber du wirst dich wundern, wie schnell er wieder verschwindet. 皇帝がすぐに君のもとを離れてしまって驚くだろうね」と、皇帝のクリステルへの思いが本気ではないと説得しようとする。二人は、「Er wird hier bleiben! あの人はここにいてくれる！」「Er wird nicht hier bleiben! あいつはいなくなる！」と（楽しそうな）言い合いを続けるが、こういった楽しい演出は、喜劇的というよりも、むしろオペレッタ的といったほうがよいかもしれない。

> *Das gibt's nur einmal. / Das kommt nicht wieder, / Das ist zu schön um wahr zu sein.*
>
> ◎　◎　◎
>
> それはただ一度だけ／そんなことは二度とない／あまりにすてきでほんとうのこととは思えない。

セリフの背景　この映画のなかで歌われる二つの歌、とりわけ上に引用した „*Das gibt's nur einmal*"（ただ一度だけ）は、あまりに有名だ。ロシア皇帝との逢引を信じず笑い飛ばした店の売り子たちに見送られ、夢のような気持ちで「*In meine Villa!* 私の別荘へ！」と馬車で向かうこの場面は、映画のハイライトである。「*Träum' ich? Wach' ich?* 私は夢を見ているのか、目覚めているのか / *Wein' ich? Lach' ich?* 泣いているのか、笑っているのか / *Heut' weiß ich nicht, / was ich tu'.* 今日どうしたらいいのかわからない / *Wo ich gehe,* 私が行くところ / *wo ich stehe,* 私のいるところ / *lachen die Menschen mir zu!* みんな私に笑いかけてくれる / *Heut' werden alle Märchen wahr!* 今日、おとぎ話が全部ほんとうになる！ / *Heut' wird mir eines klar:* 今日、目の前が開ける」そして上に引用した有名なリフレインが歌われる。さらに次のように続く。「*So wie ein Wunder fällt auf uns nieder / Vom Paradies ein gold'ner Schein.* まるで奇跡のように、天国から黄金の輝きが降り注ぐ / *Das gibt's nur einmal,* それはただ一度だけ / *Das kommt nicht wieder,* そんなことは二度とない / *Das ist vielleicht nur Träumerei.* これはただの夢想なのかも / *Das kann das Leben nur einmal geben,* こんな人生はただ一度しかない / *Vielleicht ist's morgen schon vorbei.* 明日になれば終わってしまうかも / *Das kann das Leben nur einmal geben,* こんな人生はただ一度しかない /

Denn jeder Frühling hat nur einen Mai. 5月は春に一度だけなのだから。」シンプルな韻律Metrumと韻Reimが愉しいメロディーとぴたりと合ったこの歌詞をたどりながら、街道の多くの人に手を振られ幸福の絶頂にあるクリステルのこの場面を見ていると、思わず映画の魅力に惹き込まれてしまう。

　もう一つの有名な歌は、„*Das gibt's nur einmal*" よりも前、クリステルが皇帝とともに訪れるウィーンなどに特有の居酒屋、ホイリゲ (Heurige) での場面で楽しむことができる。店の楽団とともにホイリゲの歌手（店の主人）が歌うウィンナワルツ風のこの曲は、その歌詞とともにウィーンの「Gemütlichkeit（くつろいだ心地よさ）」の真骨頂といえる。「*Wenn Du verliebt bist* 誰かを好きになり / *Und weißt nicht wohin* どこに行けばよいかわからないなら / *Dann gibt's nur eine Stadt* 行くべき街はただ一つ / *Die hat was keine hat.* そこには他の街にはないものがある / *Die liegt im Herzen / Der Welt mitten drin,* その街は世界の真ん中にある / *Hast du ein' Rausch mal dort,* そこで陶酔に我を忘れるなら / *Weißt du's sofort:* すぐにわかる」そして陶酔するようなリフレインが続く。「*Das muß ein Stück vom Himmel sein* それはきっと天国の一部 / *Wien und der Wein, Wien und der Wein,* ウィーンとワイン / *Das ward auf Erden nicht erdacht,* それはこの地上で考え出されたものではない / *Denn das ist so himmlisch gemacht.* 天国のように作られているのだから / *Sitzt man verträumt in Wien beim Wein,* ワインを飲みながら夢見心地でウィーンにいるなら / *Und nicht allein, dann sieht man's ein:* しかも一人でないなら、そうすればわかる…」(*)

　映画の最後、皇帝が去って行った後、ホイリゲの歌手が*Das gibt's nur einmal. / Das kommt nicht wieder...* と歌う。このとき、最初に歌われたのとはまったく別の意味で、その言葉はまさにそのとおりのものとなっている。

* WIEN UND DER WEIN (JASRAC 出 2303963-301)
Words by Robert Gilbert
Music by Werner Heymann

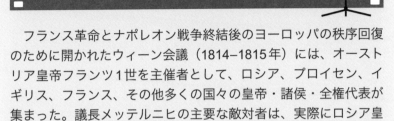

　フランス革命とナポレオン戦争終結後のヨーロッパの秩序回復のために開かれたウィーン会議（1814–1815年）には、オーストリア皇帝フランツ1世を主催者として、ロシア、プロイセン、イギリス、フランス、その他多くの国々の皇帝・諸侯・全権代表が集まった。議長メッテルニヒの主要な敵対者は、実際にロシア皇帝アレクサンドル1世であった。

　トーキーになって間もない1931年、UFA社で作られたこの映画は、音楽が効果的に用いられた最も初期のドイツ映画であり、ドイツの古典的作品のなかでも屈指の傑作である。

　1933年のナチスの政権掌握後、UFAもナチスの管理下に入る。主役のクリステルを演じたリリアン・ハーヴェイは、ユダヤ人と交流をもっていたためにナチスに監視され、後にドイツを去ることになる。メッテルニヒを演じているのは、表現主義映画の傑作「カリガリ博士」の夢遊病者チェーザレの演技で強烈な印象を与えたコンラート・ファイトである。そしてもう一つ、この映画で特に言及すべきは、ホイリゲ歌手として歌うパウル・ヘルビガーのすばらしい歌唱だろう。この映画では音楽は決して添え物などではなく、たっぷりと時間をとって十分に聴かせてくれる。彼の歌う「ウィーンとワイン」の旋律では、ヨーゼフ・シュトラウスのワルツ「わが人生は愛と喜び（*Mein Lebenslauf ist Lieb' und Lust*）」の一部が使われており、ウィンナワルツとして聴くことができるのは当然でもある。また、同じヨーゼフ・シュトラウスのワルツ「天体の音楽（*Sphärenklänge*）」（1868年）もしばしば用いられている。この映画では、他にもチャイコフスキーの序曲「1812年」（1880年）、ボロディン「ダッタン人の踊り」（1880年代後半）、シューベルト「軍隊行進曲」（1818年）など、音楽が非常に効果的に楽しく取り入れられ（さらには上演され）ているが、これらの作品は、実際にはすべてウィーン会議より後のものである。

7 プリンセス・シシー
Sissi

エルンスト・マリシュカ監督

- ▶**脚本**◎エルンスト・マリシュカ
- ▶**撮影**◎ブルーノ・モンディ
- ▶**編集**◎アルフレート・スルプ
- ▶**音楽**◎アントン・プロフェス
- ▶**出演**◎ロミー・シュナイダー、カールハインツ・ベーム、マグダ・シュナイダー、ウタ・フランツ、グスタフ・クヌート、フィルマ・デギシャー、ヨーゼフ・マインラート他
- ▶**製作年等**◎1955 年、102 分、カラー

ストーリー

　バイエルンの公爵夫妻マックスとルドヴィカの次女エリーザベト（愛称シシー）は、狩りと自然を愛し、貴族身分の旧弊にこだわらない父の影響のもと、恵まれた自然の中で伸び伸びと育っていた。ある日、母ルドヴィカは、彼女の姉であり、若き皇帝フランツ・ヨーゼフの母であるゾフィーから手紙を受け取り、皇帝の花嫁に長女ヘレーネ（愛称ネネ）を考えていると知らされる。事情を知らされないまま、シシーは母とネネに同行し、皇帝が訪れるバート・イシュルに向かう。シシーはそこで自由奔放な振る舞いのため部屋に監禁されるものの、そこを抜け出して川で釣りを楽しむ。そこを皇帝の馬車が通りかかり、二人は偶然の再会を果たすことになる。とはいえ、皇帝は数年ぶりに出会い、大きく成長を遂げたシシーが誰かわからない。皇帝はシシーを狩りに誘い、森の中で打ち解けて話すうち、二人は互いに強く惹きつけられる。しかし、姉のネネが妃候補とされていると聞いたシシーは、身を引こうとする…

写真協力：㈶川喜多記念映画文化財団

Franz. Es wäre alles so schön, wenn du kein Kaiser wärst...

◎　　◎　　◎

　フランツ。あなたが皇帝でなければ、すべてがほんとうにすてきなのに。

セリフの背景

　この映画のなかで、シシーや家族が暮らすバイエルンのシュタルンベルク湖畔は、華やかだがさまざまな儀礼に縛られているウィーンの宮廷の対極にある。バイエルンの田舎で暮らす貴族の開放感あふれた自由を体現しているのが、映画の冒頭で登場するシシーの父マックス（バイエルン公マクシミリアン）であり、そしてその影響を強く受けたシシーである。父と狩りに出かけたシシーは、森で父から大切な言葉を聞く。「Wenn du einmal im Leben Kummer und Sorgen hast, dann geh so wie jetzt mit offenen Augen durch den Wald. 人生で苦しみや心配事をもつことがあったら、いまと同じように目をしっかりあけて森の中を歩くんだ。Und in jedem Baum und in jedem Strauch, in jedem Tier und in jeder Blume wird dir die Allmacht Gottes zum Bewusstsein kommen und dir Trost und Kraft geben. どんな木や茂みにも、またどんな動物やどんな花にも、神の全能の力が感じとれるだろう。そして、それが慰めと力を与えてくれるだろう。」（この言葉は、シシーがフランツ・ヨーゼフと出会い、楽しく森の中を散歩しているときにも、フランツ・ヨーゼフに語られる。）

　それに対して、ウィーンの宮廷の堅苦しさを何よりも体現しているのが皇帝フランツ・ヨーゼフの母、大公妃ゾフィーである。息子の結婚相手と彼女が考えているネネ（シシーの姉）について語るとき、彼女にとっては父親のマックスだけが不満の種だ。「... das ist aller-

プリンセス・シシー

dings der einzige dunkle Punkt, des Herzogs Max in Bayern, den wir leider mit in Kauf nehmen. これが唯一のよくない点なのだけれど、バイエルンの大公マックスも我慢してつきあわなければならない。」だが、田舎じみて好き勝手に暮らすバイエルン公を嫌う母の大公妃ゾフィーに対して、フランツ・ヨーゼフはむしろ大公に好意を感じている。「Merkwürdig, von der ganzen Familie ist mir gerade er in Erinnerung geblieben. Noch dazu in sehr guter. 不思議だな。この家族みんなのなかで、まさにこの人のことが記憶に残っている。いい記憶として。」だからこそ、まさにこの父と同じように自由闊達で活動的なシシーに惹かれるということだろう。ちなみに、シシーが父の自由な気質について皇帝に語っているとき、彼女は「Plötzlich packt's ihn und er muss reisen. 突然取り憑かれたようになって、矢も楯もたまらなくなって旅行に出かけてしまうの。Ich glaube, ich werde auch so werden wie er. 私も父と同じようになると思うけど」と口にする。実際、シシーは結婚後、窮屈なウィーンの宮廷を逃れるように、頻繁に旅行をして回ることになる。

　こういったシシーと皇太后ゾフィーとの対立は必然的である。皇帝と結婚すれば幸福になると言うゾフィーに対して、シシーは言い返す。「Ich war bei uns zu Hause glücklich. 私は自分のうちにいて幸せでした。Glücklicher, als ihr alle hier. ここに暮らすあなた方みんなよりも幸せです。Ich denke nicht daran, mein Leben zu ändern. 私は自分の生活を変えようとは思いません。」いったいどういう言葉遣いかと憤るゾフィーに対してシシーはさらに続ける。「Die Sprache, die mich mein Vater gelehrt hat, dem die Freiheit und Wahrheitsliebe über alles geht. それは父が私に教えてくれた言葉遣いです。父にとっては、自由と真理への愛がすべてに勝るものなのです。」しかし、こういった生き方は、宮廷という政治的駆け引きの世界のなかでは受け入れられるものではない。

„Hat Sie wenigstens was gefangen damit?" –
„Ja. Sie, Majestät."

◎　◎　◎

「何かそれで釣れましたか?」―「はい、陛下、あな
たです。」

セリフの背景

　この映画は、家族や男女の愛情、そしてオーストリ
アの歴史の一端を描写するものであるとともに、コメ
ディー的性格が重要な構成要素となっている。皇帝フ
ランツ・ヨーゼフとシシーとの出会いは、皇帝がまさ
に釣り竿で「釣られる」ことによって起こる。そして、そのあと二人
で狩りに出かける約束をするわけだが、典型的な貴族の娯楽である
「狩り」にしても「乗馬」にしても、本来は女性が楽しむものではない。
観客は、シシーのキャラクターとして描き出されるそういった破天荒
さを彼女の言葉とともに楽しむことになる。

　ちなみにこの引用箇所ではそれ自体コミカルな意味をもつわけでは
ないが、皇帝の言葉にみられるような宮廷的な二人称の敬称（ここで
は„Sie")は、別の場面で笑いの素材に供されている。ちなみにこれ
は、三人称複数のsie（彼ら）の転用としてのSieではなく、「彼女
sie」が二人称に転用されたものである。この箇所では、皇帝は三人称
単数の「彼女」という言葉でシシーを「あなた」と呼んでいるのに対
して、シシーの言葉のなかのSieは、今日通常用いられている「あな
た」（三人称複数の転用）である。姉のネネと比べて、シシーをもっと
美しいと語る皇帝の言葉は、「彼女」と「あなた」が語そのものでは
まったく区別できないので、さらにわかりにくい。「Doch, sie ist
sehr schön, aber *Sie*, Sie ist viel schöner. いや、彼女はとても美し
いですよ。でも、あなたは、あなたの方がはるかに美しい。」

プリンセス・シシー

こういった宮廷の語法は、一般の人にはあまりなじみがないため、護衛を担当する少佐Majorは、皇帝の母、大公妃ゾフィーと皇帝と会話する際にコミカルな勘違いをしてしまう。皇帝が帰り道に同伴して歩いたという「見知らぬ女性」（シシーを指す）についての情報を少佐に求めようとする大公妃は、こう尋ねる。「Kennt Er sie?」音としては、「彼」はその女性を知っているのか？と尋ねられているように聞こえるため、少佐は皇太子を指して尋ねられていると思い、「Bestimmt. 間違いありません。Seine Majestät sind eine Weile mit ihr zu Fuß gegangen. 陛下はしばらくこの女性と一緒に歩いていらっしゃいましたから」と答える。大公妃ゾフィーはこの見当違いな答えにいら立ち、「Ob *Er* sie kennt? あなたがその女性を知っているかと聞いているのです」と繰り返す。少佐はここではじめて「Ach so, *ich*? ああ、私のことですか」と気づく。

　少佐はこの映画のなかで一貫して喜劇的役回りを演じているが、郵便局でのモールス電信の場面はなかなか楽しい。シシーが依頼した電信は「War eingesperrt. 閉じ込められた。Bin durchs Fenster. 窓から脱出。Schicket sofort Papili mit Gewehren. パピリを銃携行のうえすぐ送れ。Kaiser kommt heute vier Uhr. 皇帝は本日4時到着。Sissi. シシー」という文面で、皇帝暗殺をもくろむテロリストの文面のようにも見える（「パピリ」はこの映画では「パパ」の愛称。「銃」は狩りのため）。少佐はこの文面を目にして、「Wer ist denn „Papili" パピリというのはいったい誰だ？Das ist ein kroatischer Name. これはクロアチア人の名前だな。„Mit Gewehren"! Das ist ja ein regelrechter Überfall auf den Kaiser!"「銃携行」だって!? これはほんものの皇帝襲撃だ！」とあわてふためく。確かに喜劇的描写ではあるが、実は多民族・他言語の坩堝であったハプスブルク帝国の不安定で不穏な政治状況の一端がここでも描かれていることになる。

『プリンセス・シシー』について

　この映画は、「若き皇后シシー」（1956年）、「ある皇后の運命の歳月」（1957年）と続く、「シシー三部作」の最初の作品で、ドイツとオーストリアではある一定の年代以上の（高齢の）人々にとって絶大な人気をもつ作品であり、その意味で代表的なドイツ映画の一つといえる。ハプスブルク帝国の皇后エリーザベトはその美貌、波乱に富んだ生涯、悲劇的な運命のために、多くの人の関心を集め、小説・映画・ミュージカルなど、これまでさまざまなかたちでとりあげられてきた。そういったなかでも、「ふるさと映画」の特質を部分的に帯びた親しみやすさをもち、高い人気を誇った女優ロミー・シュナイダーと俳優カールハインツ・ベーム（大指揮者カール・ベームの息子）によって演じられたこの映画は、ドイツ語圏では非常に愛好されている。ちなみにこの映画では、エリーザベトと皇帝の出会いから結婚にいたる物語がとりあげられているのに対して、第二作では宮廷のなかでの大公妃ゾフィーとの軋轢（とりわけ出産後）を中心に、彼女がハンガリーの国王に戴冠されるまでが描かれている。第三作では、ハンガリーでのアンドラーシ伯爵との淡い恋愛、フランツ・ヨーゼフとの旅行、病気との闘いなどの伝記的なことがらが扱われているが、本来、こういった物語の流れのなかで大きな山場となるはずの、皇太子ルードルフの情死事件、そしてジュネーブでの暗殺は一切描かれていない。（もともと、第四作目も想定されていた）。

　とはいえ、三作のなかでもコミカルな明るさをもつこの第一作にしても、エリーザベトのその後の苦しみを予感させるような陰りがあちこちに見られる。妃に選ばれると確信していた姉のネネの面前で、シシーが選ばれる場面は痛々しい。バルコニーに姿を見せ、花火とともに「万歳」と叫ぶ民衆の前でも、シシーは一切笑顔を見せることはできない。また、大公妃ゾフィーとの確執もすでに結婚前に始まっている。

8 菩提樹
Die Trapp-Familie

ヴォルフガング・リーベンアイナー監督

▶**脚本**◎ゲオルク・フルダレク、ヘルベルト・ライネッカー、マリア・フォン・トラップ
▶**撮影**◎ヴェルナー・クリーン
▶**編集**◎マルゴット・フォン・シュリーフェン
▶**音楽**◎フランツ・グローテ
▶**美術**◎ロベルト・ヘルルト
▶**出演**◎ルート・ロイヴェリク、ハンス・ホルト、マリア・ホルスト、ヨーゼフ・マインラート他
▶**製作年等**◎1956 年、106 分、カラー

ストーリー

　ザルツブルクの修道院で生活するマリアは、修道女としてはほとんど型破りと言ってよいほど自由で天真爛漫な精神をもつ女性だ。そのマリアに、第一次世界大戦での潜水艦艦長であったトラップ男爵の子どもたちの家庭教師を依頼する話が舞い込む。男爵は、数年前妻に先立たれ、七人の子どもたちを抱えていた。マリアが男爵の大邸宅に着くと、子どもたちは制服を着せられ、男爵の笛で「規律」を叩きこまれていた。マリアは、男爵が家を空けているとき、子どもたちの自由で幸せな暮らしのために、男爵の要請に背いて大胆な改革を行う。使用人から報せを聞いた男爵は立腹して家に戻るが、マリアとともに和やかに歌う子どもたちの姿を見て感銘を受ける。マリアはこの家を訪れる神父とともに、子どもたちの歌の才能を伸ばしていく。そういったマリアへの愛に気づいた男爵は彼女に求婚し、マリアは男爵の妻、子どもたちの母親となる決心をするのだった。だが、その幸せな一家にナチズムの影が迫る…

写真協力：㈶川喜多記念映画文化財団

Kinder gehören doch zusammen, das ist doch der Sinn einer Familie!

◎　◎　◎

子どもはみんなで一つになっているものです。それが家族で一番大切なことです！

セリフの背景

本書の読者のうち、大多数の方々は「サウンド・オブ・ミュージック」は観ていても、「菩提樹」はあまりご存じないのではないだろうか。ストーリーは大筋において共通するところが多い。マリアの型破りのキャラクターは、ほぼ10年後の1965年にアメリカで制作されたミュージカル映画を上回るかもしれない。そういった印象をさらに強めているように思われるのが、マリアが自分の信念をはっきりと主張するシーンである。「Ordnung und Disziplin – das ist die Hauptsache für ihn. 秩序と規律。これが男爵にとって大切なことです」とマリアに伝えていた執事 (Hausdame) のマティルダは、庭で遊ぶ子どもたちを見て仰天し、男爵が立腹されますよとマリアに詰め寄る。マリアは熱くなって言い返す。「Dann soll er böse werden. 立腹していただいて結構です。Ich gehöre hier nicht der bezahlten Dienerschaft, ich gehöre nach wie vor zum Kloster. 私はここで給料をいただいてお仕えしているのではなく、これまでどおり、修道院の人間ですから。Ich bin nur ausgeliehen. 私は命じられてここに来ているだけです。（直訳すれば、「貸し出されている」。）Aber ich kann es nicht mit ansehen, wie die Kinder hier gehalten werden. それでも、子どもたちがここでどんなふうに育てられているか、黙って見ていることはできません。... so gedruckt und so unfrei... こんなに圧迫され自由がなくて… Jedes Dorfkind hat es besser. 村の子どもの方がましです。」

マティルダからの連絡を受けて屋敷に戻った男爵が、子どもたちの様子を自らの目で確かめた後、マリアと話をする場面でも、マリアの言葉はなかなか強烈だ。「Bin ich ein so schwieriger Herr, ja? 私はそんなに気難しい男かね。」「Oh ja, wenigstens was die Erziehung Ihrer Kinder angeht. ええ、少なくとも子どもの教育に関しては。」「Die ist verkehrt, meinen Sie? つまり、教育が間違っていると?」「Allerdings ist sie das. Grundverkehrt. Und Altmodisch und unnatürlich. そのとおりです。根本的に間違っています。時代遅れで不自然です。」ここまでずばずば面と向かって言い切るのもなかなかすごい。男爵は相槌を打って腰かけると、「Sagen Sie .... Ist das nicht ein bisschen viel, auf einmal? マリアさん…そう立てつづけに言いたてるのも、ちょっと言いすぎではないですか? Woher wissen Sie das so genau? どうしてそうだと言い切れるのですか。」「Weil ich was von Kindern verstehe. 子どものことをわかっているからです。」そして最も核心的なことに踏み込む。「Sie glauben gar nicht, wie glücklich die Kinder bei Ihnen waren. 子どもたちがお父さんと一緒にいてどれほど幸せな気持ちだったか、まったく考えておられないのです。Wie Sie Ihre Kinder mit einer Trillerpfeife zusammenrufen oder dass die Buben die Mädel nicht besuchen dürfen... 警笛で子どもたちを呼び寄せたり、男の子が女の子のところに行ってはいけないことになっていたり… Und das ist hier bei Wien wie in einem Internat! それだと、このウィーン近郊にいて、まるで寄宿舎で生活しているようです!」男爵は子どもを寄宿舎に入れるよう勧められていたので、この言葉はなおさら皮肉に響く。「In allen vornehmen Häusern... 上流家庭では…」と言い返そうとした男爵に弁明の余地を与えず、マリアは最初に引用したように「家族の大切さ」を訴える。この言葉はこのジャンルの映画（後述）にとって、最も重要なことでもある。

Sagen Sie, Georg, sehen Sie in dieser Nonne eigentlich die Erzieherin ihrer Kinder oder bereits die Mutter?

◎　◎　◎

　ゲオルク、あなたにとってあのシスターは子どもたちの家庭教師なの？　それともすでに母親なのかしら？

セリフの背景

　　　　　　　男爵をめぐって、富裕な貴婦人が純真な家庭教師の修道女にしかける恋のさや当ては、「サウンド・オブ・ミュージック」でもドラマに仕立て上げるための重要な脇筋になっている。この「菩提樹」ではいくぶん控えめなかたちで描かれているとはいえ、マリアの性格がよく表れているので、このあたりの会話を追っていきたい。

　男爵の再婚相手としてささやかれているイヴォンヌ (Gräfin/Prinzessin)を邸宅に招いて、マリアを中心に子どもたちが影絵劇を演じるが、それを見る男爵のまなざしから、彼女は男爵がマリアに惹かれていることを知る。劇の後、マリアと二人になったイヴォンヌは、男爵の気持ちをマリアにあえて気づかせる。「Schade, dass Sie hier nicht für immer bleiben können. あなたがずっとここにいられないのは残念ね。Übrigens, Sie werden ein gebrochenes Herz hier zurücklassen. ところで、そうなるとここに傷心の男が残されることになるでしょうけどね。Oder Sie müssen in Ihrem Verhalten dem Baron gegenüber ein ganz kleines bisschen ändern. あるいは、男爵に対する接し方をほんのちょっとだけ変えないといけないかも。」まったく理解しないマリアにイヴォンヌは、「Er ist in Sie verliebt. あなたに恋しているわよ」と告げる。仰天したマリアは、「Um Gottes Willen, was habe ich denn da schon wieder angestellt. とんでもない！私ったらまたなんてバカな事をしでかしたのかしら。Das ist ja schrecklich! ひどいことだわ！」と反応する。これはもちろん修道女としての反応でもあるが、続くマリアの言葉を聞くと、それだけでなく、彼女の「恋」に対する少し偏った知識のためだとわかる。「Ich weiß doch, was aus/vor Liebe alles passiert ist! 恋のためにどういう結末になるか、私だって知っています。So weltfremd bin ich nicht! 私だってそんなに世間知らずじゃありません！„Romeo und Julia", „Kabale und Liebe" ... Nichts als Mord und Totschlag! 『ロミオとジュリエット』、『たくらみと恋』… 起こるのは人を殺すことばかり！」マリアが結婚した後も、weltfremd「世間知らず」という言葉は、彼女を言い表すのにこの映画のなかで何度も用いられることになるのだが、彼女が「恋」について知っていることは、シェイクスピアやシラーといった古典的文学作品の世界だけでしかない。すぐさま屋敷を出て修道院に戻ろうとするマリアにイヴォンヌは、「Sie haben sich unmöglich benommen. あなたの振る舞いはちょっととんでもないですよ」とたしなめた後、「Mein liebes Kind, Sie kennen vielleicht das Gebetbuch. Aber sich selbst kennen Sie nicht. あなたは祈禱書のことは知っているかもしれないけど、自分自身のことは知らないのね」と言って部屋を出る。子どもたちからマリアが去ろうとしていることを聞いた男爵は、イヴォンヌに原因を聞こうとするが、そのとき彼女から聞かされたのがここで引用した言葉だ。イヴォンヌの言葉を男爵から直接問い詰められたマリアは、ためらいがちに「Sie hat gesagt, Sie wären in mich verliebt. あなたが私に恋していると言われたのです」と答える。「Ist das die Wahrheit? それは本当のことですか？」というマリアの問いに、「Nein, das ist nicht die Wahrheit. Jedenfalls, nicht die ganze. いや、それは本当のことではない。いずれにせよ、それですべてというわけではない」と答えるあたり、いかにも映画の台詞らしい。

『菩提樹』について

　「サウンド・オブ・ミュージック」に比べると、ドイツ映画「菩提樹」の知名度は圧倒的に低い。この映画の終盤、アメリカに到着した一家がビザを取得できず収容されている場面は「サウンド・オブ・ミュージック」にはまったく描かれていないものだが、ここで一家はシューベルトの有名な「菩提樹」を歌うことによって苦境を乗り切る。邦題は、（かつて日本人がきわめて愛好していた）「菩提樹」を歌うこのクライマックスにちなんでつけられているが、残念ながら、今ではむしろこの邦題のために埋もれた映画になっているのかもしれない。これらの映画はいずれも、マリア・フォン・トラップ自身の回顧的著作に基づいているが、脚色をかなり加えられたミュージカル映画と比べて、ストレートに描かれた「菩提樹」に好感を抱く人も多いのではないだろうか。

　この映画 *Die Trapp-Familie* は、ドイツではきわめて愛好され、その意味で大きな成功を収めた作品の一つである。この作品は、おもに 1950 年代から 60 年代にドイツ語圏で数多く制作された「ふるさと映画 (Heimatfilm)」というジャンルの性格を強く帯びている。Heimatfilm の重要な特徴として、南ドイツ・オーストリア・スイスの自然のなかの生活が舞台となり、友情・愛情・家族の価値が美しく描かれることがあげられる。ナチズムによるホロコーストというおぞましい過去を背負い、瓦礫の中から戦後のめざましい復興を遂げつつあった当時のドイツにとって、そのような世界を描き出すことは慰めでもあり、また一種の現実逃避でもあった。当時の「ふるさと映画」のほとんどがいまでは埋もれた作品となっているのは、そういった性格のためでもある。

　この映画の 2 年後、アメリカでの一家の苦境と成功を描いた「続・菩提樹」も公開された。異邦人のまなざしでアメリカをとらえながらも、この続編では「ふるさと映画」の特質がより強力に発揮されている。

9 橋
Die Brücke

ベルンハルト・ヴィッキ監督

- ▶**脚本**◎ベルンハルト・ヴィッキ他
- ▶**撮影**◎ゲルト・フォン・ボーニン
- ▶**編集**◎カール・オットー・バルトニング
- ▶**音楽**◎ハンス=マルティン・マイェフスキ
- ▶**出演**◎フォルカー・ボーネット、ミヒャエル・ヒンツ、フランク・グラウプレヒト、ギュンター・ホフマン、コルドゥーラ・トラントフ他
- ▶**製作年等**◎1959年、99分、モノクロ。1960年ドイツ映画賞（最優秀監督賞、映画音楽賞他）、1960年ゴールデングローブ賞（最優秀外国語映画賞他）受賞

ストーリー

終戦間近の1945年4月、ドイツのある小都市で、同じクラスで学ぶ16歳の少年たちが軍隊への召集を受けた。仲の良い友人同士である彼ら七人の少年は、それぞれまったく異なる家庭環境で暮らしていたが、英雄的行為への素朴な理想に燃えていた。彼らが入隊し訓練が始まったその日の深夜、部隊の移動が行われる。しかし、前線で足手まといになると判断された彼らは、部隊の撤退ののち戦略上爆破されるだけの橋を防御するよう形ばかりの命令を受ける。その橋は、彼らが遊び場としていたものだった。ところが、少年たちの監督を任された伍長が、憲兵によって逃亡の嫌疑をかけられ射殺されたために、少年たちは何の統率もないまま、勝手な思い込みで米軍と無意味な戦闘を始め、一人また一人と命を落とすことになる。敵が去った後、ドイツ軍兵士が橋を爆破するためやってくる。生き残った二人の少年たちは、橋の防衛や命をかけた戦闘がまったく無意味だったことを知る…

写真協力：㈶川喜多記念映画文化財団

Alle diese Ideale – ›Freiheit‹, ›Vaterland‹, ›Heldentod‹ – sind doch Falschmünzern in die Hände gefallen! Das stimmt doch alles nicht mehr!

◎　◎　◎

「自由」「祖国」「英雄的死」——こういった理想はすべて偽物になって（贋金造りの手に落ちて）しまっています。こういったことはみな事実と食い違っています。

セリフの背景

　　　　　自分のクラスの七人の少年たちが戦争の犠牲となることがないようにと、教師のシュテルンはかつて教師だったフレーリヒ大尉のところにやってくる。「Ich kann nicht einsehen, dass diese Kinder jetzt zum Schluss noch sinnlos geopfert werden sollen! この子どもたちが、最後には無意味に犠牲になってしまうのを黙って見過ごすわけにはいかないのです」と訴えるシュテルンに対して、大尉は皮肉を言う。「Sie glauben, dass sie für die Verwirklichung von Idealen kämpfen. 彼らは、自分が理想の実現のために戦っているのだと信じています。Sie wollen das Vaterland retten. 彼らは祖国を救いたいと思っているのです。Sie glauben, was Sie ihnen beigebracht haben, Herr Stern. 彼らは、あなたが彼らに教えたことを信じているのですよ。」そして、学校で教えるような「Deutsch für Oberklassen 上流階級のためのドイツ語」の典型としてヘルダーリンの詩の一節を引用する。英語、ドイツ語の教師であるシュテルンは、その詩に表れている「祖国」という言葉が、現在の状況では、もはや本当の意味を失っていると、上に引用した言葉で訴えているわけだ。
　　この映画では、連隊の指揮をとる中佐の演説のように、軍部の典型

的な常套句も見られる。「Wer auch nur einen Quadratmeter deut-schen Boden bis zum Letzten verteidigt, der verteidigt Deutsch-land! わずか1平方メートルのドイツの領土を最後まで守りぬく者こそが、ドイツを守り抜くのである！（...）Die jungen Soldaten, die ihrem ersten Einsatz entgegensehen, sollen wissen, dass unser Bataillon nur ein Vorwärts kennt, niemals ein Zurück! 最初の出撃をこれから行う若い兵士諸君は知っておいてもらいたい。この大隊には前進あるのみ、後退など決してない！（...）Unser Bataillon kennt nur Kampf, Sieg oder Tod! わが大隊には、闘い、勝利、さもなくば死があるのみ！」葉巻やコニャックをしきりに要求する人物設定からも、この中佐の言葉が虚偽のものとして感じとられるように演出されているわけだが、まさにこういった言葉が、理想に燃える目でそれに聞き入る素朴な少年たちの信念や言動のうちにそのまま吸収されていく。少年たちだけで橋の「防衛」にあたっている際に、味方の兵士たちがみな街を離れて撤収し、自分たちが最後に残されていると感じた少年の一人ハンスは、「Wenn alle weglaufen, ist das immer noch das Beste! みんな逃走したのなら、それが一番だ」と冷静に意見を述べるが、軍人の息子ユルゲンは「逃亡」を許さない口調でここにとどまることを求める。そして、最もおとなしいジギが「わずか1平方メートルのドイツの領土を…」という言葉を口にする。この映画では、前半で素朴な日常生活が描写された少年たちが、いかにこういった戦争の常套句のうちに取り込まれているか、さまざまな場面から見てとることができる。

　七人の少年たちに橋の防御という無意味な任務が与えられたのは、この教師の配慮が裏目に出たためである。フレーリヒ大尉はその後、連隊の移動の際に、七人の新米兵士たちを前線に赴かせないということで中佐の同意を得る。そして少年たちは橋の防御を行うことになる。その意味でも、シュテルンとフレーリヒの会話の場面は重要である。

„Hier habt ihr wohl ›Trapper und Indianer‹ ge-
spielt, was? " – „Ja, dort oben ist unser Ausguck. "

◎　◎　◎

「お前たちはここでインディアンごっこをやっていた
のかな。」――「はい、あの上にぼくたちの見張り台が
あります。」

セリフの背景　16歳の少年というのは、実際にこれほど子どもなの
だろうかとも思われるが、この映画では、少年たちの
幼さが目につくような描き方がしばしば見られる。少
年たちに対して「Kindergarten 幼稚園」という言葉
が何度か用いられているのもその一つである。兵舎のなかでは少年た
ちを目にした古参兵から「Ich hab' ja nich' gewusst, dass hier 'n
Kindergarten is'! ここが幼稚園だとは知らなかったよ！」と嫌みを言
われ、戦闘相手のアメリカ兵からも "We don't fight kids! Go home
or go to kindergarden! " と扱われる。

　少年たちに対する配慮から、あとで爆破するため守る必要のない橋
の防御につかせる許可を得たフレーリヒ大尉は、部下のハイルマン伍
長に橋と少年たちの監督の任務を委託する。「Die Brücke ist ganz
unwichtig. 橋はまったくどうでもよい。Sie wird gesprengt. あれは
爆破する。Ich möchte keine sinnlosen Verluste, verstanden?! 無
意味な犠牲はだしたくない、わかったな？」さらに、実際に部隊が橋
に到着し、少年たちの「第三隊」が降ろされた後、大尉は伍長に「Be-
schäftigen Sie die Jungs hier ein wenig! ここで子どもたちを少し
ばかり働かせてやってくれ」と、かたちばかりの「任務」をまかせる。
ハイルマン伍長は、そういった大尉の意図を理解していることもあり、
少年たちに対する態度には、最低限の軍隊の振る舞いはとりながらも、

子どもたちを監督する大人のゆったりした雰囲気が感じられる。彼も子どもたちの「お遊び」につき合っていることを了解しているのだ。自分たちの遊び場である橋が任地であると知った少年たちははじめは落胆するが、すぐにこれまでの「遊び」と、「戦争」と思い込んでいるものが混ざり始める。川沿いの木の上には、少年たちが「Burg 砦」と呼ぶ見張り台がある。彼らは、伍長が言うとおり、ここで「Trapper und Indianer インディアンごっこ」をしていた。「見張り台」に武器をもちこんでよいかという子どものような要望を、伍長はやれやれという様子で許可する。こういった状況は、普通はありえないだろうが、そもそも橋の防衛という任務自体が「ごっこ」なのだ。

　こういった遊びと戦争の現実の混同はかなり極端なものと見えるかもしれない。しかし、そもそも軍部の掲げる常套句や「理想」を素朴に信じていることそのものが「戦争ごっこ」の領域にあり、少年たちはじきに戦争の現実を知ることになる。橋の防衛の任務が少年たちにとってはまだ安全なものであると考えている伍長は、彼らにこの「ごっこ遊び」をさせていた。しかし、少年たちが「Ihr wisst ja nicht, was ihr macht! お前たちは、何をやっているか何もわかっていない」と知っている大人は、真剣に彼らを戦争の現実から遠ざけようと努力する。伍長がいなくなった後、リーダーを失った少年たちのところにやってきた年配の市民は、軍隊がすべて撤退した後、無意味に橋を「防衛」する少年たちを説得しようとする。「Wollt ihr etwa hier noch 'ne Schießerei anfangen? ここでまだ撃ち合いでも始めようってのかい？（...）Geht doch lieber nach Hause, Jungs! お前たち、家に帰りなさい！」この市民には、少年たちの行動が馬鹿なお遊びでしかないことがわかっている。「Ihr wollt wohl hier noch die Helden spielen? お前たちはここで英雄ごっこをしたいのかね？」

『橋』について

　およそ1時間40分の映画のうち、前半の40数分をかけて、七人の少年の家庭環境とそれぞれの性格が描き出されてゆく。一度簡単に観ただけではなかなか全員の人物像を十分に把握できないかもしれないが、この前半の背景に基づいた人物描写が、「任地」に着いてから、そして戦闘が始まってからの各人の言動を理解するために非常に重要である（例えば、将校の家庭に生まれ入隊を自ら志願していたユルゲン、少年たちのなかでは少し大人びており冷静な判断をするハンス、ナチの地方支部長である父との葛藤から、ワルのキャラクターをもつヴァルター）。最後にショッキングな行為の末生き残るのは、少年たちのなかで一番目立たない描かれ方をしていたアルベルトである。

　1959年に公開されたこの映画は、60年代には学校の授業で必ず上映される映画であったようだ。西ドイツは1950年代に親米的政策をとるアデナウアー首相のもとで「奇跡の経済復興」を進め、戦後の冷戦構造のなか55年には再軍備とNATO加盟が行われる。そして国防軍への兵役義務も56年に法制化された（2011年廃止）。こういった状況を背景に、同じ時代のドイツ映画としては、第二次世界大戦の伝説の戦闘機パイロットをヒーローとして描く「撃墜王　アフリカの星（*Der Stern von Afrika*）」（1957年）などの娯楽作品もすでに生まれていた。それに対して、第二次世界大戦での体験に基づくグレゴール・ドルフマイスターの同名の小説を原作に制作されたこの映画は、いうまでもなく「反戦映画」の性格を明確にもっている。反戦映画は、戦争のなかでの個々人の生活や性格を丹念に描きながら、人々が戦争のなかでの無意味な死や欺瞞のなかに巻き込まれていく姿を批判的に映し出す。「橋」は、1930年のアメリカ映画「西部戦線異状なし」の反戦映画の方向性を明確に受け継ぎ、ドイツ映画あるいは映画史全体のなかで重要な位置を占めている。

橋

10 都会のアリス
Alice in den Städten

ヴィム・ヴェンダース監督

- ▶**脚本**◎ヴィム・ヴェンダース、ファイト・フォン・フェルステンベルク
- ▶**撮影**◎ロビー・ミュラー
- ▶**編集**◎ペーター・プルツィゴッダ
- ▶**音楽**◎ CAN
- ▶**美術**◎ホノラート・シュタングル
- ▶**出演**◎リュディガー・フォーグラー、イェラ・ロットレンダー、リザ・クロイツァー、エッダ・ケッヒル他
- ▶**製作年等**◎1973 年、107 分、モノクロ。1974 年ドイツ映画批評賞受賞

ストーリー

　　ドイツ人ジャーナリストのフィリップ・ヴィンターは、アメリカの風景についてレポートするために数週間のアメリカ旅行をして回る。しかし、原稿はまったく書けず、ただポラロイド写真を次々に撮っていくだけだった。金が手に入らないままニューヨークからドイツに戻ろうとするが、飛行機のストのためそれもできない。彼は、同じくドイツに行こうとしている母娘に空港で出会い、その女性リザそして9歳の娘アリスとニューヨークで行動を共にすることになる。しかし、リザは数日後遅れてアムステルダムに行くと書置きを残し、アリスをフィリップに託していなくなった。フィリップはアリスとともに、アムステルダム経由でドイツに向かい、アリスの記憶や写真だけを手がかりに、彼女の祖母を探してレンタカー等でいろいろな街をめぐってゆく。フィリップは、途中で警察にアリスを預けるのだが、結局、二人の旅はさらに続く。そして、この二人の間には一種の友情関係が生まれていく…

写真協力：㈶川喜多記念映画文化財団

Das Hören und Sehen vergeht einem, wenn man das Gefühl von sich selbst verloren hat. Und das hast du schon lange verloren. Und deshalb brauchst du immer wieder Beweise. Beweise dafür, dass es dich wirklich noch gibt.

自分自身という感覚をなくしてしまうと、聞いたり見たりということも消えてしまう。あなたはそれをだいぶ前になくしているのよ。だから何度も何度もその証明がいるの。自分がまだほんとうに存在しているという証明がね。

セリフの背景

リザとアリスに会った晩、二人をホテルに残してフィリップはニューヨークにいるガールフレンドに会いに行く。彼はアメリカでの疎外感を彼女に語ろうとするが、彼女はそんなフィリップの本質を見抜いている。「Und deshalb machst du auch dauernd diese Fotos. だからあなたはひっきりなしに写真を撮るのよ。Da hast du dann was in der Hand. そうすれば何か手にする。Wieder ein Beweis dafür, dass du es warst, der was gesehen hat. これも、何かを見たあなたが存在したという証明なのよ。Deshalb bist du ja auch hergekommen... damit dir einer zuhört, dir und deinen Geschichten, die du eigentlich nur dir selbst erzählst. だからこそあなたはここに来た。あなたのことを、あなたの話を誰か聞いてくれるから。その話というのも、結局はあなた自身のことをしゃべっているだけ。」

アメリカに反発しながらも惹かれ、アメリカからドイツへと旅を続けていく主人公。彼の旅は、結局、自分自身を探す旅である。だが、

アリスが加わってきたからこそ、一つの旅が出来上がってゆく。それがこの映画の基本的な骨格をなしている。

　二人は、まずは飛行機でアムステルダムに到着する。かつてこの街に住んでいたアリスは、フィリップに街の案内をするが、彼にとってはそれも無意味な子守でしかない。しかもかなりわがままに振る舞うアリスに対して、「Ich hab keine Lust, mich von dir länger tyrannisieren zu lassen. おまえに好き勝手させるなんて御免だ！」とかなり険悪な雰囲気になる。二人は母親のリザが到着するはずの時間に空港にやってくるが、リザは現れない。アリスは、寂しさと不安から空港のトイレに閉じこもってしまう。アリスを説得するために、フィリップは扉越しに話しかける。「Hast du nicht gesagt, dass du deine Großmutter besuchen möchtest? おばあさんに会いに行きたいって言ってなかったっけ？」「Ja. うん。」「Wo wohnt die denn? どこに住んでるの？」「Ich weiß nicht. 知らない。」「Du musst dich daran erinnern können. どうしても思い出してくれないと困るんだ。」思い出せないアリスに、フィリップは尋ねる。「Weißt du nicht wenigstens in welcher Stadt sie wohnt? 少なくとも、どの街に住んでたかわからない？」「Ich weiß den Namen nicht mehr. 名前は、もうわからない。」そこで、フィリップはドイツの都市の名前が掲載されている手帳を取り出し、アルファベット順に尋ねてゆく。そしてWで始まるWuppertalまでたどり着いたとき、ようやくアリスが反応した。

　こうして二人の旅の舞台はヴッパータールに移り、アリスのおばあさんの居場所を探し出すことが二人の目的となる。ヴッパータールといえば、何といっても懸垂式のモノレールSchwebebahnで有名な街だ。映画のなかでも、二人はさっそくSchwebebahnに乗ってそこから祖母の家を探そうとする。しかし、アリスは祖母の名前（母親の結婚前の名前）を知らない。「Ich weiß aber, wo Oma wohnt. おばあちゃんが住んでるところを知ってるよ」というものの、それは単に家の記憶でしかない。

„Was machst du in München? " – Ich schreibe diese Geschichte zu Ende. — „Deine Krickelei? " —„Und du? Was machst du? "

◎　◎　◎

「ミュンヘンで何をするの?」—「このお話をしまいまで書きあげるんだ。」—「あのなぐり書き?」—「で、アリスは何をするの?」

10

セリフの背景　映画の最後、フィリップとアリスを見つけた警察官から、アリスの母親が見つかったことを知らされ、二人は彼女がいるミュンヘンに電車で向かう。アリスとの二人の旅の物語は、フィリップが自分自身を探し出す旅の物語でもある。

　ヴッパータールで不首尾に終わった最初の晩、不機嫌なフィリップは、「Erzählst du mir eine Geschichte? 何かお話してくれる?」というアリスの言葉に、「Ich weiß keine Geschichte. お話なんか知らない!」と怒鳴り返すが、すぐに思い返して、お話を始める。「Es war einmal ein kleiner Junge, der hat sich verlaufen. むかしむかし、あるところに小さな男の子がいました。その子は迷子になってしまいました。Er war mit seiner Mutter spazieren gegangen im Wald, an einem schönen Sommernachmittag. その子は、ある天気のよい夏の午後、お母さんと一緒に森に散歩に来ていたのでした。」このお話は、フィリップがガールフレンドから聞いた話とも重なってくる。これは彼自身の物語なのかもしれない。

　翌日、車で街中を走るが、手がかりはない。無駄な努力と感じたフィリップは、アリスを警察に連れて行き、事情を話して警察に後を任せる。そのあとロックコンサートに出かけるが、夜、彼が車でホテ

ルに戻ってくると、アリスが車に乗り込んでくる。フィリップは笑い出し、連れだっておばあさん探しの旅を再開する。アリスは祖母の姓が Krüger であること、自分は確かにヴッパータールに住んでいたが、祖母は比較的近くの別の街に住んでいたことを思い出す。

　アリスは、警察で事情聴取を受けたときの情報から、フィリップに手がかりを知らせようとする。「Dann haben die Polizisten gesagt, dann ist es ja ganz einfach, die Oma wohn im Ruhrgebiet. そしたら警察の人が言ったの。じゃあホントに簡単だ。おばあちゃんはルール地方に住んでいるんだ。」フィリップは「ルール地方」という言葉を聞いて思わず笑う。「Ist das groß? それって広いの？」「Nicht besonders. Das schaffen wir schon. それほどでも。なんとかなるよ。」

　翌日の朝、フィリップはアリスに地図を見せる。「Das ist das Ruhrgebiet. Es gibt unheimliche viele Leute, die Krüger heißen. これがルール地方だ。クリューガーという名前の人はものすごくいる。」ファーストネームが必要なのだが、アリスはいつも Oma としか呼んでいなかったのでわからない。しかし、このときになって祖母の家の写真をまだ見せていなかったことにアリスが気づく。「Dann ist's ganz einfach. じゃあ、ほんとに簡単だ。」「Natürlich. そりゃそうよ。」二人は、家の写真だけを手がかりに、ルール地方の都市を車でまわる。このあたりの二人の描写はほんとうに微笑ましい。家の写真だけで探し出すことは、実際にはほとんど不可能に近い試みであるわけだが、偶然、Gelsenkirchen という町でアリスはその家を発見する。「Da wohnt ein Italiener. あそこにはイタリア人が住んでいるの。Sie sagt, sie wohnt schon seit zwei Jahren. あの女の人は、もう2年前から住んでると言ってた。Und von der Oma weiß sie nichts. おばあちゃんのことは何も知らないって。」フィリップは落ち着いて声をかける。「Dann können wir ja schwimmen gehehen. じゃあ、泳ぎに行こうか。」

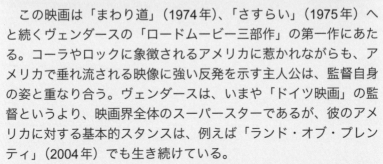

　この映画は「まわり道」（1974年）、「さすらい」（1975年）へと続くヴェンダースの「ロードムービー三部作」の第一作にあたる。コーラやロックに象徴されるアメリカに惹かれながらも、アメリカで垂れ流される映像に強い反発を示す主人公は、監督自身の姿と重なり合う。ヴェンダースは、いまや「ドイツ映画」の監督というより、映画界全体のスーパースターであるが、彼のアメリカに対する基本的スタンスは、例えば「ランド・オブ・プレンティ」（2004年）でも生き続けている。

　ヴェンダースの「ベルリン・天使の詩」（1987年）でもそうだが、主人公がロックコンサートに行く行為は映画のなかで特別な意味をもっている。アリスを警察に連れて行ったあと、フィリップはポスターを目にして、チャック・ベリーのコンサートに行くが、このコンサートは、映画のなかで一つの物語上の転換点ともなっている。飲食店でロックをかけるジュークボックスの音楽も重要だ（ちなみに冒頭近くのジュークボックスのシーンではヴェンダース自身が出ている）。

　この映画では、真の映像に対するヴェンダースの愛情が強烈に表れている。アメリカ滞在中、あるモーテルの一室で「非人間的」な番組を目にしたフィリップはテレビを破壊する。ニューヨークのホテルで、リザに彼の原稿を読み上げる場面も印象的だ。「Das Unmenschliche in diesem Fernsehen ist gar nicht, dass alles zerstückelt und mit Werbung unterbricht, obwohl das schlimm genug ist. この番組の非人間的なところは、すべてが細断されコマーシャルで中断されるということではない。それも十分まずいことだが。Viel schlimmer ist, dass alles, was da gesendet wird, auf die Dauer selbst zur Reklame wird. はるかに悪いのは、放送されていることすべてが、それ自体、そのうち広告になってしまうということだ。」こういった視点は、12年後の「東京画」（1985年）に強烈に受け継がれていく。

カスパー・ハウザーの謎
Jeder für sich und Gott gegen alle

ヴェルナー・ヘルツォーク監督

▶**脚本**◎ヴェルナー・ヘルツォーク
▶**撮影**◎イェルク・シュミット＝ライトヴァイン
▶**編集**◎ベアーテ・マインカ＝イェリングハウス
▶**出演**◎ブルーノ・S、ヴァルター・ラーデンガスト、ブリギッテ・ミラ、ヴィリー・セメルロッゲ、ミヒャエル・クレッヒヤー他
▶**製作年等**◎1974年、110分、カラー。1975年カンヌ映画祭（FIPRESCI国際批評家賞、審査員特別グランプリ）、1975年ドイツ映画賞（栄誉賞、編集賞他）受賞

ストーリー

　狭い牢のような場所に若い男が幽閉されている。彼は飲食物が与えられるだけで、それ以外に外部の人間との接触は一切ない。1828年のある日、突然、彼はニュルンベルクの広場に置き去りにされる。彼はほとんど歩くことも話すこともできない。彼にできるのは、カスパー・ハウザーという名前を書くことだけだった。当初、彼は市の保護を受けるが、経費捻出のために、サーカスの見世物に出される。そこでカスパーを目にしたダウマー氏が彼を引き取り、カスパーは彼の家でさまざまな教育を受けることになる。2年ほどたち、彼はある程度の言語能力や市民的素養を身につける。しかし、彼の振る舞いは相変わらず一般の人々には奇妙に映る。それだけでなく、彼にはある独特の鋭敏な感覚やイメージがあった。まわりの人々は彼に、信仰心や論理や市民的な振る舞いを教えようとするが、彼には自分自身の見解や感覚があった。そのようなカスパーが、ある日、突然何者かに襲撃される…

„In den zwei Jahren seit ich dich aufgenommen habe, hast du so viel gelernt. Du musst jetzt in deinem Alter alles nachholen, weil du früher nicht unter Menschen warst." – „Die Menschen sind mir wie die Wölfe."

◎　◎　◎

　お前を引き取ってこの2年間、お前はたくさん学んできた。いまはこの年齢でいろいろと取り返さなくちゃならん。人間がいないところにいたのだから。」―「人間は私にはオオカミみたいです。」

セリフの背景

　この映画はカスパー・ハウザーという実在の人物についての不思議な物語を下敷きにしている。しかし、この映画は単にカスパーの数奇な運命を叙述するものというよりも、カスパーという「普通」の人間の外側にある視点を通じて、人間の営みがいかに特殊なものであるかを浮かび上がらせる。「Hören Sie denn nicht das entsetzliche Schreien ringsum, das man gewöhnlich die Stille heißt. 通常〈沈黙〉と呼ばれている、あの恐ろしい叫び声があたりに響いているのが聞こえないのですか？」映画が始まってすぐ、美しい自然の情景とパッヘルベルのカノンの旋律を背景としながら、この言葉が画面に示される。この映画で示されている市民の生活の多くは、カスパーにとっては「恐ろしい叫び声」でもある。

　この映画ではいくつかのエピソードによって、カスパーの独特の論理や感性が示される。ダウマーがカスパーの幽閉されていた塔に連れだってやってきたとき、カスパーはそれを見て、次のように感想を述べる。「Das ist aber hoch! これはほんとうに高いですね。Das muss ein großer Mann gewesen sein, der das gebaut hat. これを建てた人はとても大きい人だったに違いありません。Den möchte ich gerne kennen lernen. この人と知り合いになりたいですね。」また、塔の中のことを覚えているかという問いに対して、「Das ist nicht möglich. そんなことはあり得ません。Weil der Raum nur ein paar Schritte groß ist. だってその部屋は、二、三歩ほどの大きさだったのですから。」この言葉をカスパーは次のように説明する。「Wenn ich mich in dem Raum umsehe, 部屋の中で見回すと dann ist rechts und links, vor und rückwärts nur Raum. 右も左も、前も後ろも、部屋しかありません。Sehe ich mich aber den Turm an, しかし、この塔を見て（ダウマーはここで“mir“と文法の間違いを正す）und drehe ich um, 後ろを向くと dann ist der Turm weg. 今度は塔がなくなります。Also ist der Raum größer wie der Turm. だから、あの部屋のほうがこの塔よりも大きいのです。」これは単に知識や論理性の欠如のために生じる微笑ましいやり取りとも見える。しかしここには、われわれが当たり前だととらえているものとは別の、もう一つの真理が表れているのかもしれない。

　人々が当たり前と考えていることは、その世界に突如入り込んだ視点からすれば、決して当たり前のことではない。そしてその視点は、「当たり前」と考えられていた世界の秩序に疑問符を突きつける。カスパーは、彼の世話を親身にしてくれる家政婦に次のように問いかける。「Wozu sind eigentlich die Frauenzimmer gut? ご婦人はどういう役に立つのでしょうか。(...) Und warum erlaubt man ihnen nur Häkeln und Kochen? また、ご婦人にはどうして編み物や料理しか許されていないのでしょうか。」19世紀前半、ビーダーマイアー時代の市民的秩序のなかで、男性が外での職業に従事しているのに対して、女性は家事に関わる存在でしかない。これはごく些細なやり取りではあるが、カスパーの視点を通じて、この世界の秩序があらためて意識化される。この映画で語られているのはそのような視点であり、その視点によって描かれる世界である。

Da habe ich das Meer gesehen. Ich habe auch einen Berg gesehen. Und viele Menschen. Die sind auf den Berg aufgestiegen wie eine Prozession. Da war viel Nebel. Ich konnte es nicht ganz klar sehsen. Und oben, da war der Tod.

◎　◎　◎

海が見えた。そして山も見えた。たくさんの人も。彼らは教会の行列のように山に登っていた。霧がたくさんあった。あまりよく見渡せなかった。そして上には、死神がいた。

11

セリフの背景　カスパーが最初の襲撃を受けて、ベッドに寝かされているとき、彼が語る想像上の風景である。彼の語る情景には、われわれが作り上げるような「物語」は存在しない。しかし、そのような鋭敏な感性の作り上げる「映像」を提示することそのものも、この映画の一つの大きな柱であるように感じられる。

　こういった感性によって、映画のなかでは、われわれの世界の「宗教」や「論理」が逆に秤にかけられている。一切の宗教的知識をもたないカスパーに対して、牢の中で神の存在を感じたかどうかと牧師が問う。「Kaspar, was uns am meisten interessiert, ist, われわれが最も関心をもっているのは、ob du nicht so etwas wie eine ntürliche Gottesidee empfunden hast, きみが神の観念のようなものを自然に感じていたかどうか ob du in deiner Gefangenschaft nicht an etwas Höheres gedacht hast. 牢屋にいたときに、きみが至高の存在のようなものを考えていたかということなのです。」この誘導的な問いをカスパーはあっさり否定する。「Ich verstehe diese Frage nicht! 質

問がわかりません。(...) Und ich kann es mir nicht vorstellen, dass Gott aus nichts alles erschaffen hat, so wie Sie es mir gesagt haben. あなたがおっしゃるように、神が無からすべてを創造したということも、思い浮かべることができません。」それに対して、若い牧師は「Du *musst* eben glauben! とにかく信じるんだ！Das genaue Nachforschen nach dunklen Gegenständen des Glaubens ist unrecht. 信仰というはっきりとしない対象を厳密に突き詰めようとすることは不当なことだ」と反応する。そして、祈りの言葉をひたすら反復させようとする。

　大学教授との戯画的なやりとりは、この映画のなかではなかなか愉快な（しかし痛ましい）場面の一つである。カスパーが修得した知能を試すために大学教授が訪れ、彼に論理学の質問をする。真実のみを話す村の人か嘘だけを話す村の人か、どうすれば一つの質問だけでそれがわかるかという問いである。教授はこう説明する。「Wenn du aus dem anderen Dorf kämest, würdest du mit „Nein" antworten, wenn ich dir fragen würde, ob du aus dem Lügnerdorf kommst. 君に嘘つき村から来たのかと問えば、君がもう一方の村から来たのなら、『いいえ』と答えるだろう。」そして、家政婦に講釈する。「Über die doppelte Verneinung wird nämlich der Lügner zur Wahrheitsaussage gezwungen, つまり、二重否定によって嘘つきは真実の言述を強いられるわけです。(...) das nenne ich Logik, über Argumentation zur Absolutheit. これが論理というものです。論証を経て議論の余地のないものへと至るのです。」実はこの「論証」はかなり怪しい。それに対して、カスパーは別の問い方を知っていると言う。「Nach dem Gesetz der Logik gibt es keine andere Frage. 論理の法則からいえば、別の問いはない」という教授に対してカスパーは、「ich würde denjenigen Fragen, ob er ein Laubfrosch ist. 私ならばその人に、あなたはアマガエルですかと尋ねます」と答える。しかし、この痛快な解答は教授に却下されてしまう。

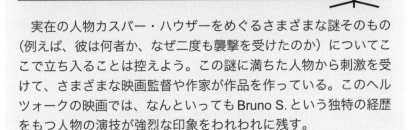

　実在の人物カスパー・ハウザーをめぐるさまざまな謎そのもの（例えば、彼は何者か、なぜ二度も襲撃を受けたのか）についてここで立ち入ることは控えよう。この謎に満ちた人物から刺激を受けて、さまざまな映画監督や作家が作品を作っている。このヘルツォークの映画では、なんといっても Bruno S. という独特の経歴をもつ人物の演技が強烈な印象をわれわれに残す。

　ヘルツォークの映画にはいくつかの通奏低音ともいうべき一貫したモティーフがあるように思われる。その一つは、要約すれば、市民的価値観への疑問符ということになるだろうか。「小人の饗宴」（1970年）では、おそらくそれが最も強烈に表れているし、ムルナウ作品のリメイクという形をとった「ノスフェラトゥ」（1979年）でも、いわば市民社会の崩壊が詩的で象徴的な映像によって描かれてゆく。この映画でも、一方では市民社会の価値や尺度から影響を受けていない、ある意味で純粋な感覚が描き出される。それとともに他方で、カスパーの振る舞いを笑い物とする市民社会の秩序そのものの歪みが浮かび上がってゆく。しかし、最終的には、「Ein schönes Protokoll, ein genaues Protokoll, ich werde ein Protokoll schreiben, wie man es nicht alle Tage erlebt. すばらしい調書、正確な調書、普段お目にかからないような調書を書くぞ」と奇妙な意気込みを見せる書記が語るように、カスパーの死後、彼の独自の存在は「調書」という形をとった市民的秩序のうちに無難に回収されてしまう。

　すでに映画の冒頭から、映像そのものにどれほど強調点が置かれているかを強く感じとることができる。ヴェンダースの「東京画」のなかで、ヘルツォークの映像への愛情は、ヴェンダースとは対立する立場のようにとりあげられている。だが、映像への愛情という点では二人とも同じ方向にある。それは、カスパーの純粋な感覚と重なるものかもしれない。

マリア・ブラウンの結婚
Die Ehe der Maria Braun

ライナー・ヴェルナー・ファスビンダー監督

▶**脚本**◎ペーター・メルテスハイマー、ペア・フレーリヒ
▶**撮影**◎ミヒャエル・バルハウス
▶**編集**◎ファスビンダー、ユリアーネ・ローレンツ
▶**音楽**◎ペーア・ラーベン
▶**出演**◎ハンナ・シグラ、クラウス・レーヴィチュ、イヴァン・デスニー、ギーゼラ・ウーレン、エリーザベト・トリセナー他
▶**製作年等**◎1978年、120分、カラー。1979年ベルリン映画祭銀熊賞（女優賞）、1979年ドイツ映画賞（女優賞、監督賞、美術賞）受賞

ストーリー

　1943年、マリアは敵の空襲のさなかヘルマンと役場で結婚式を挙げるのだが、新郎は翌朝には戦場に赴く。終戦を迎え、マリアはヘルマンの帰還を待つが、夫は帰ってこない。母たちを養うために働き始めたアメリカ兵用のバーで、マリアは黒人兵ビルと知り合う。帰還した親友の夫からヘルマンが戦死したと聞かされたマリアは、ビルと懇意になり、妊娠する。しかし、二人が寝室で戯れているところへ、突然、夫ヘルマンが現れる。そしてマリアは、ヘルマンを押さえつけているビルを瓶で殴り殺してしまう。ヘルマンは裁判で、自分を愛しているというマリアの言葉を聞き、自分がビルを殺したと証言する。ヘルマンを愛するマリアは、彼が刑務所から出てくるのを待つと言い、彼のために金を稼ごうとする。マリアは、電車の中で知り合った実業家オスヴァルトに力を認められ、彼の会社の中で重要な職責を担うと同時に、彼の愛人となる。そして、そのことを獄中のヘルマンにも伝えるのだった…

写真協力：㈶川喜多記念映画文化財団

„Ist es jetzt draußen so zwischen den Menschen? So kalt? " – „Ich weiß nicht, wie die anderen Menschen sind. Es ist eine schlechte Zeit für Gefühle, glaube ich. "

◎　◎　◎

　「外では、人間の関係はそうなのか？ そんなに冷たいのか？」― 「他の人がどうか知らないけど。感情にとっては悪い時代だと思う。」

セリフの背景

　戦時中の1943年に物語が始まり、ドイツ再軍備の前年、そしてドイツがサッカー・ワールドカップで初めての優勝を果たした1954年に終わる「マリア・ブラウンの結婚」は、いわゆる「奇跡の経済復興」を遂げていく西ドイツの姿と、そのなかで生き抜くマリア・ブラウンという女性の姿がいわば二重写しにされる映画である。

　彼女は、きわめて優れたビジネスの感覚をもつ自立した女性であると同時に、それと手を携えた独特な愛の原則を堅持している。マリアは、実業家オスヴァルトと関係をもった後、刑務所にいる夫のヘルマンにごく当たり前のようにそれを告げる。「dass ich mit einem anderen mann geschlafen habe 他の男と寝たこと」と「dass ich dich liebe あなたを愛していること」は、マリアにとって完全に別のことであり、「他の男と寝たこと」は「愛」のための手段でしかない。だからこそ彼女はヘルマンにそのことを語ることができる。

　しかし、こういったことは単に金のための打算から行われるわけではない。むしろ、そのようななかでの「感情」が大きな意味をもつ。ビルを殺した後の裁判でマリアは何のてらいもなく証言する。「Sie werden den Unterschied sowieso nicht verstehen. Den Bill habe ich liebgehabt. Und ich liebe meinen Mann. あなたたちにはこの違いはどっちみちわからないでしょう。ビルは好きだったのです。そして、夫は愛しているのです。」この映画ではどうしてもマリアに視線が向けられるが、このマリアの「愛」のあり方を受け入れるヘルマンの姿もやはり独特なものだ。彼が、マリアの罪をかぶって「Ich habe den Neger erschlagen. おれがあの黒人を殺したんだ」と証言するのは、まさにマリアのこの言葉を聞いたからだ。ビジネスあるいは生活の必要性と結びついた男女の関係と、夫に対する「愛」を別のものと割り切るマリアの言葉に対して、「そんなに冷たいのか」と反応しながらも、ヘルマンはそのようなマリアの考え方を基本的に受け入れている。後に獄中のヘルマンを訪ね、すべてを知ることになるオスヴァルトも（「Ich wollte den Mann kennen lernen, den sie liebt. 彼女が愛している男を知っておきたいと思ったのでね」）、この奇妙な関係に新たに巻き込まれる。この映画は、まさに戦後復興期の西ドイツという、「感情」にとって「悪しき時代」だからこそ生まれた、マリア・ブラウンと彼女をめぐる男たちの「愛」のドラマである。

　マリアはそういった自分の生き方を十分すぎるほど意識している。親友ヴィリーと、労使交渉の場で対立する者同士として同席しながらも、旧知の関係を微塵も感じさせないマリアに同僚ゼンケンベルクは驚く。マリアはそれに答える。「Weil ich ein Meistser der Verstellung bin. それは私が偽装の名人だからよ。Tagsüber der Handlanger des Kapitals und in den Nächten der Agent der werktätigen Massen. 昼間は資本の手先となり、夜は労働大衆のスパイとなる。Die Mata Hari des Wirtschaftswunders.《奇跡の経済復興》のマタ・ハリね。」マタ・ハリは、第一次大戦中に「二重スパイ」として処刑された伝説的な美人ダンサーだ。彼女は、ビジネスの世界において、そして愛の世界において、まさに「マタ・ハリ」なのだ。

写真協力：㈶川喜多記念映画文化財団

Ich lebe, wenigstens so gut ich kann. Du lebst gar nicht.

◎ ◎ ◎

私は生きている。少なくとも自分にできる限りのことをしてね。おまえは全然生きていないじゃない。

12

セリフの背景

マリアは、オスヴァルトとの関係や優れた仕事の才能によって裕福になり、立派な邸宅へと引っ越す。母親にとってもそのことは確かに誇らしい出来事なのだが、それでもマリアに言わざるを得ない。「Du hast dich so verändert, Maria. Du bist fremd geworden. おまえはほんとに変わってしまった。よそよそしくなってしまったよ。」マリア自身がそれを的確に補う。「Und außerdem kalt, nicht wahr? おまけに冷たい、ということでしょう。」そういった姿勢は、引っ越し作業の男に対するきわめて高圧的で、すべて金で済ませる態度にも露骨に表れている。チップを渡すことに気づかされたあと、金を渡しながらマリアはこう言い放つ。「So, dann brauch ich auch nicht danke schön zu sagen. これで私もありがとうと言う必要がなくなるわけね。Ich zahle nämlich lieber als dass ich mich bedanken muss. 礼を言うくらいだったら、金を払うほうがましだからね。」万事このようなマリアに対して、母親は上に引用した言葉を思わず口にしてしまう。

マリアは自分自身の仕事と愛の原則に基づいて生き、そしてその限りにおいて成功する。しかし、それは映画のなかで肯定的に描かれることはない。「Ja, leben wie in einem Gefängnis! 牢獄の中のように生きればいいのよ！」という母親の言葉を、マリアは自嘲的に文字どおり受け止める。「Gar nicht schlechte Gedanke für deine Verhältnisse. お母さんにしては悪くない考えね。Hab ja eine Strafe abzu-

マリア・ブラウンの結婚

sitzen. これは受けなければいけない罰ね。」実際、マリア、そしてオスヴァルトやヘルマンは、ますます沈鬱な不幸と混沌のうちに沈み込んでいくかのようだ。

　ビジネス的な成功、またそれと結びついた「契約」のような人間関係の進展は、まさにこの映画で描かれているアデナウアー時代の西ドイツの発展と二重写しになっている。この映画のなかでは、いくつかの箇所で当時のラジオ放送が、それと一見無関係に展開する映画の場面展開と重ね合わされる。一つは、マリアがオスヴァルトに見込まれて一緒に仕事をすることが決まった後、家族や友人たちと食事をする場面だ。ここでは、登場人物の声が聞き取りにくいほど、ドイツの再軍備を否定する政府やアデナウアーの声明が繰り返される。「Wenn die Behauptung aufgestellt wird, dass unter meiner Autorität die Wiederaufrüstung Deutschlands unternommen würde, 私の政権下でドイツの再軍備が企てられるという主張がなされるとすれば、so kann ich darauf nur erklären, dass diese Behauptung frei erfunden ist. そういった主張は出まかせだとしか説明のしようがない。」しかし、それが虚偽であることは翌1955年には明らかになる。社会的上昇の過程にあるマリアと、彼女のまわりの一見平穏な市民生活も、すべてはそのような虚偽のうちにあるのかもしれない。また、オスヴァルトの死の知らせを受け取った後、かつて彼と食事をしたレストランでマリアが食事をし、吐いてしまうとき、そこで流れているのは先にわれわれが耳にした言葉を覆すアデナウアーの演説だ。「... haben wir das Recht, aufzurüsten, soviel wir können und soviel wir wollen. われわれには、可能な限り、そして望む限りの軍備を行う権利がある。」この短い場面は、一つの世界の没落と解体を描き出しているかのようだ。そして、演説に続き、翌日のサッカー・ワールドカップ決勝戦についてアナウンスされる。これが映画の最後の場面への橋渡しとなっている。

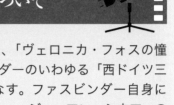

『マリア・ブラウンの結婚』について

　この映画は、「ローラ」（1981年）、「ヴェロニカ・フォスの憧れ」（1982年）と続く、ファスビンダーのいわゆる「西ドイツ三部作 BRD-Trilogie」の第一作目をなす。ファスビンダー自身にとっての位置づけはともかく、「ニュー・ジャーマン・シネマ」の性格を最も強烈に体現する映画作家の一人であるこの監督、37歳で亡くなったこの多作の監督の作品のなかで、最も広く知られる作品といえるだろう。

　私が学生のとき、ある催しでこの映画が上映された際に、夫婦で参加していたドイツ人の先生が、「姦通映画は観たくない」といって退席したことを今でも思い出す。68年の学生反乱から70年代にかけての大きな社会的・文化的転換を知識人として経験したこの先生たちにとってさえ、この映画で描き出されている人々の生き方は受け入れがたいものだったのだろう。

　ただし、すでにふれたように、こういった生き方は、戦後の西ドイツの歩みそのものとして、つねに批判的な視点から描かれている。映画の終結部では、マリアとヘルマンのそれぞれでオスヴァルトのすべての遺産を相続することがわかった後、過失なのか故意なのかは定かでないにせよ、ガス爆発によって二人は亡くなる（ちなみにこの部分は、現在ドイツ語で読むことができる当初の台本と大きく異なる）。経済的な成功とは裏腹に、ますます荒廃の度合いを深めていくマリアの生活は、このようにして否定されなくてはならなかったということかもしれない。

　映画の冒頭、爆撃音とともにヒトラーの肖像が砕け落ちる場面に対応するように、映画の最後の部分では、豪邸の爆発炎上に続き、アデナウアーからシュミットにいたる（ブラント以外の）西ドイツの歴代首相の肖像画が、あたかも葬儀写真のように次々と陰画で現れる。マリアとヘルマンの死は、このように戦後の西ドイツへのレクイエムともなっている。

13 ブリキの太鼓
Die Blechtrommel

フォルカー・シュレンドルフ監督

▶**脚本**◎フォルカー・シュレンドルフ、ジャン＝クロード・カリエール他
▶**撮影**◎イゴール・ルター
▶**編集**◎ズァンネ・バロン
▶**音楽**◎モーリス・ジャール
▶**出演**◎ダーフィト・ベネント、アンゲラ・ヴィンクラー、マリオ・アドルフ他
▶**製作年等**◎1979年、142分、カラー。1979年カンヌ国際映画祭パルムドール、1979年ドイツ映画賞（最優秀映画賞）、1980年アカデミー外国語映画賞他多数受賞

ストーリー　3歳で自ら身体の成長を止めた少年オスカルの視点から、ポーランドのダンツィヒに暮らす家族や知人たちの生活、ナチズムや戦争などの歴史の流れが、諷刺に満ちた筆致で描き出される。オスカルは生まれたときから偽りに満ちた家族や世の中を懐疑のまなざしでとらえていた。母アグネスは従兄のヤンとの関係を続けながら、アルフレートと結婚、オスカルは実の父親がヤンであることを知っている。母は、この奇妙な三角関係の緊張のなか、オスカルがいつまでも成長しないことへの苦悩や、不倫による新たな妊娠という問題を抱え、魚ばかり大量にむさぼり食って死ぬ。他にも近親者たちが、歴史の流れのなかで次々と死んでゆく。なじみのおもちゃ屋は1938年の「水晶の夜」の際に店を破壊されて自殺し、ヤンはオスカルのために「郵便局攻防戦」に巻き込まれて銃殺、アルフレートはロシア軍の進攻の際、やはりオスカルが原因で射殺される…

写真協力：㈶川喜多記念映画文化財団

An diesem Tag, an dem ich über die Welt der Erwachsenen und meine eigene Zukunft nach-dachte, beschloss ich, einen Punkt zu machen: Ich wollte von jetzt an keinen Finger breit mehr wachsen, für immer der Dreijährige, der Gnom, bleiben.

◎　◎　◎

　大人たちの世界と自分自身の将来について思いめぐらしたこの日、ぼくは、一つの終止符を打つことに決めた。これからぼくは、指一本分の幅だって大きくならず、いつまでも3歳児のまま、小人のままでいようと思ったのだ。

ブリキの太鼓

セリフの背景

　オスカルは、誕生の瞬間にさえ自分が生まれてくる世界に対する批判的意識をもっている。そのオスカルが3歳の誕生日に大人たちの醜悪な振る舞いを目にして、階段から転落することで自分の成長を止める決心をする。原作の小説では、成人した主人公が一人称で過去を語る形式を基本的にとっているが、映画でも、ヴォイスオーヴァー (V.O.) によるオスカルの語りが、物語の展開の主要な箇所で挿入されている。上に引用した言葉は、そのような一人称の語りの一つである。このような大人びた語りに見られる批判的意識とは裏腹に、大人たちの目から見えるオスカルの振る舞いは、その外見どおり、まさに子どもそのものである。例えば、階段からの転落の後、回復したオスカルが家のなかでも太鼓を叩くので、大人たちはさまざまな手口で何とか太鼓をとりあげようとする。伯父のヤンは、「Gib ihnen doch die Trommel. Ich bringe dir morgen eine neue mit. お父さんたちに太鼓を渡しなさい。明日新しいのをもってきてあげるから」と提案するが、「Nein,

Oskar will nicht! オスカルはイヤ！」と完全に小さな子どもの反応
（この時点では実際に3歳なのだが）。ちなみにこの場面で、彼は叫び
声によってガラスを割る自分の能力に気づく。

　それに対して、サーカスで出会った小人のベブラは、オスカルのほ
んとうの姿を理解するほとんど唯一の人間である。ベブラは、オスカ
ルが3歳で成長を意図的に止めていることを一目で見抜くが、オスカ
ルがはるかに年配のベブラに対してSie（あなた）で話すのは当然と
して、53歳のベブラが12歳半とわかったオスカルに対してもSieで話す
姿は、小人たちだけのいわば秘密の同盟関係を感じさせる。オスカル
のガラス割りの能力を知って、ベブラはサーカスの仲間に加わること
を勧めるが、それに対するオスカルの言葉は大人のものだ。「Ich ge-
höre lieber zu den Zuschauern und lasse meine kleine Kunst im
Verborgenen blühen. ぼくはむしろ観客の側にいたいのです。そして、
ぼくのささやかな技をひそかに咲かせたいのです。」語り手として語る
ときをのぞいて、オスカルがこのように大人の言葉をしゃべるのは、
他にはいわばもう一人の同盟者である「息子」のクルトに対してくら
いしかない。クルトは、母が亡くなった後、父が家事手伝いのマリア
に産ませた子どもだと世間的には理解されているが、オスカルは自分
の息子だと考えている。子どもの誕生パーティーで、年配の女性がオ
スカルに（この時点で実は18歳）「Jetzt hast du ein Brüderchen.
Wenn er größer ist, kannst du mit ihm spielen. これで弟ができた
ね。弟が大きくなったら一緒に遊べるね」と話しかけるが、赤ちゃん
と二人になったオスカルはこう語る。「Immerhin bist du doch mein
Sohn! なにはともあれ、お前はぼくの息子だ。Wenn du 3 Jahre alt
wirst, schenke ich dir eine Trommel. お前が3歳になったら太鼓を
プレゼントしよう。Und wenn du nicht wachsen willst, zeige ich
dir, wie man das macht. そしてお前が大きくなりたくないなら、ど
うしたらいいか教えてあげよう。」

> **Es war einmal ein Blechtrommler, der hieß Oskar. Er verlor seine arme Mama, die zu viel Fisch gegessen hatte.**
>
> ◎　◎　◎
>
> 　むかしむかし、一人のブリキの太鼓叩きがいた。名前はオスカルといった。オスカルはかわいそうなお母さんを失ってしまった。お母さんは魚を食べすぎてしまったのだ。

セリフの背景　この映画では、オスカルの家族や知人たちをめぐるフィクションの世界が、第二次世界大戦前後の実際の歴史の世界のなかに巧みに組み込まれている。上に引用した言葉は、いわゆる「Kristallnacht 水晶の夜」を描いたシーンで、オスカルのV.O. の語りによって語られる。「水晶の夜」は、1938年11月9日から10日にかけて、ナチズムの支配の及ぶ広い地域で発生した反ユダヤ主義的暴動である。原作の小説では第一部の最後に置かれるこの箇所でも、同じように昔話の語り手を模した語りによって叙述が進行する。映画ではさらに次のように続く。「Es war einmal ein leichtgläubiges Volk, das glaubte an den Weihnachtsmann. Aber der Weihnachtsmann war in Wirklichkeit der Gasmann! むかしむかし、すぐに人の言うことを信じてしまう国民がいた。その人たちはサンタクロースを信じていた。しかし、サンタクロースは、実はガス集金人だった。」この箇所は原作の小説を読まないと言葉不足になってしまうのだが、そういった文脈はともかくとして、ここではガス会社の集金・検針担当の人を本来表すGasmann という言葉が、文字どおり「ガスの男」として、強制収容所での毒ガスを連想させる。映像では炎上するシナゴーグ（ユダヤ教会）が映し出され、

ブリキの太鼓

13

85

ユダヤ人に対するナチズムの猛威と暴挙が示される。「Es war einmal ein Spielzeug-Händler, der hieß Sigismund Markus. むかしむかし、一人のおもちゃ屋がいた。その男はジギスムント・マルクスという名前だった。Er nahm mit sich alles Spielzeug dieser Welt. 彼は、この世のあらゆるおもちゃを自分と一緒にもって行ってしまった。」オスカルの母アグネスに想いを寄せていたこのおもちゃ屋マルクスは、アグネスの葬儀の場でも「Soll ich Ihnen sagen, was Sie sind. あんたが何者か言ってやろうか？ Sie sind ein Itzig. あんた、ユダヤ野郎だろう」と追い払われていたが、この「水晶の夜」で店を完全に破壊されて自殺する。

　続いて、もう一つの大きな歴史的事件、ダンツィヒの「郵便局攻防戦」が、ヤンの死へと結びつく出来事として描き出される。「Am 1. September 1939, ich setze voraus, Sie kennen das Datum, datiert sich meine zweite große Schuld. 1939年9月1日、この日付をご存じのことと思う。ぼくの二番目の大罪はこの日のことになる。」最初の「大罪」は母を死に追いやったことだ。「Ich war es auch, der meinen armen Onkel und mutmaßlichen Vater, Jan Bronski, in die Polnische Post schleppte und so seinen Tod verschuldete. ぼくは、伯父であり実の父と推定されるヤン・ブロンスキーをポーランド郵便局に無理やり連れて行き、そのため彼を死に至らしめた張本人でもあるのだ。」ヤンが、そのときドイツに対する抵抗拠点として危険な勤務先の郵便局に戻ったのは、オスカル（15歳）に太鼓を修理してほしいと駄々をこねられたからだ。このようにしてフィクション上の個人的出来事と歴史的事件が交差する。「Was Oskar in der Polnischen Post in Danzig erlebt hatte, ist als Beginn des 2. Weltkriegs in die Geschichte eingegangen. オスカルがダンツィヒのポーランド郵便局で体験したことは、第二次世界大戦の始まりとして歴史に名をとどめている。」オスカルの諷刺的なまなざしはこうして世界史的出来事にも向けられることになる。

『ブリキの太鼓』について

　1959年に発表されたギュンター・グラスの小説『ブリキの太鼓』は、1999年にノーベル文学賞を受賞したこの作家の代表作の一つであり、また戦後のドイツ文学において最も重要な作品のうちに数えられる。1979年に公開されたシュレンドルフ監督の映画は、三部からなるこの分厚い長編小説のうち第一部と第二部しか扱っていない。また、原作では、主人公のオスカルが後年、精神病院の住人となってから過去を記述する形式をとっているが、映画ではその枠物語的形式は省略され、ほぼオスカルの「成長」にともなって物語が進行していく。もちろん受けとる人によって両作品を比較した印象は大きく異なるだろうが、個人的には、長編小説の映画化としては、多くの省略や改変にもかかわらず、かなり原作のイメージに近い映像となっているように感じる。といっても映画では、原作の諷刺的表現は若干後退し、むしろグロテスクさや荒唐無稽さの方が強調されているかもしれない。ちなみに「語り」についてだが、主人公のオスカルは、歳をとっても外見的な振る舞いについてはまったく幼児のままなので、自分のことを「オスカル」と呼んでいる。しかしそれだけでなく、一人称の語り手であるオスカルが、しばしば自分自身を三人称的に「オスカル」と表現している。こういった一人称と三人称の語りの混在は、映画でもオスカルによるV.O.の語りのなかで保持されている。

　監督のフォルカー・シュレンドルフは、いわゆる「ニュー・ジャーマン・シネマ」の映像作家に数えられる。かなり多作な彼の作品群のなかでも、カンヌでグランプリを受賞した「ブリキの太鼓」はとりわけ有名だが、「テルレスの青春」（原作R・ムジル）、「カタリーナ・ブルームの失われた名誉」（原作H・ベル）、「スワンの恋」（原作プルースト）、「魔王」（原作トゥルニエ）など、文学作品の映画化が目立つ。

ブリキの太鼓

14 U・ボート
Das Boot

ヴォルフガング・ペーターゼン監督

- ▶**脚本**◎ヴォルフガング・ペーターゼン
- ▶**撮影**◎ヨスト・ヴァカーノ
- ▶**編集**◎ハネス・ニケル
- ▶**音楽**◎クラウス・ドルディンガー
- ▶**出演**◎ユルゲン・プロホノフ、ヘルベルト・グレーネマイアー、クラウス・ヴェネマン他
- ▶**製作年等**◎オリジナル:1981 年、ディレクターズカット:1997 年、208 分、カラー。
  1983 年アカデミー賞ノミネート(監督賞他 6 部門)、1981 年バイエルン映画賞他多数受賞

ストーリー

　第二次世界大戦中の1941年。ドイツの潜水艦はイギリスに物資を輸送するために大西洋を航行する商船を撃沈する任務を与えられていた。物語は、潜水艦U96号の出港前夜から始まる。艦長は、経験の浅い乗組員たちが、酒場で羽目をはずしてばか騒ぎをしているさまを、同乗する従軍記者のヴェルナー少尉とともに、なかば冷ややかに眺めている。出港したのち、始めはいわば特別待遇のヴェルナーだったが、敵の駆逐艦の爆雷攻撃や嵐など、艦内の修羅場をともに経験することになる。ようやく敵の爆雷をかわして帰港できると思ったのもつかの間、すでに満身創痍の潜水艦に対して、今度はジブラルタル海峡を越えてイタリアに向かう命令が与えられる。敵国イギリスの警備が厳しく非常に狭いこの海峡を突破することは、ほとんど自殺行為に近いといえた。艦長は敵の目をかわして海峡をすり抜ける方策をとろうとしたが、敵機の空襲を受け制御不能となった潜水艦は沈んでいってしまう…

写真協力:㈶川喜多記念映画文化財団

> **Ich war ganz besoffen davon. Das ist jetzt die Wirklichkeit.**
>
> ◎　◎　◎
>
> 　わたしはそれに酔っていたんだ。これこそが現実なんだ。

セリフの背景

　ジブラルタル海峡で敵機の襲撃を受け、急いで潜行したものの、爆撃による被害のために潜水艦は制御不能となり、潜水限界を超えた280mの深さまで沈んでしまう。艦長の言葉から、浮上の望みはないと絶望的な状況を悟った従軍記者ヴェルナーは、「Ich hab's ja selbst so gewollt. これは自分自身がそう望んでいたことなんだ」と漏らし、ある詩の一節を口にする。「Einmal vor Unerbittlichem stehen, 仮借ない状況に身を置いてみる / Wo keines Mutter sich nach uns umsieht, 誰の母親もわれわれを探しに来ないところ / Kein Weib unsern Weg kreuzt, 女がわれわれの前に出てこないところ / Wo nur die Wirklichkeit herrscht, Grausam und groß. ただ、残酷で偉大な現実が支配するところに」この詩は、第一次世界大戦を参謀として経験し、そのナショナリズム的思想から、ナチの政権掌握後はナチズムと親和的であった作家ルドルフ・G・ビンディングのものである。ヴェルナー（そして他の多くの若者たち）は、戦争のなかで男たちが経験するタフな状況を美化するこの詩のような世界を思い描いては、それに「酔っていた」。この詩で歌われているような「現実」が単に美化された幻影にすぎず、仮借なく迫ってくる死という地獄のような状況こそが「現実」なのだと、ヴェルナーは声を震わせて認めることになる。

　1981年に公開されたこの映画は、基本的に、例えば1959年の「橋」に典型的に見られる情緒的な反応を生み出す戦争批判を行ってい

るわけではない。とはいえ、戦争の美化と仮借ない現実（ラストでは
さらにもう一つ「現実」が待ち受けている）という対置を描き出して
いるという点では、ある程度そういった方向性をもっているともいえ
るだろう。この映画では、死と直接向き合うような「現実」とともに、
潜水艦のなかの猥雑、粗暴、不潔な現実が描かれる。そういった環境
のなかで潜水艦戦の現実を知りつくした艦長（映画の冒頭で描かれる
泥酔したトムゼン艦長も含めて）の言葉の端々に表れる辛辣な批判精
神は、映画にニヤリとさせるような魅力を与えている。艦内で仕事を
始めてまもない記者のヴェルナーに、さんざん政府批判をしたあと艦
長はこう促す。「Na los. Notieren Sie es. さあ、書きとめとくんだな。
Nehmen Sie das auf in Ihr Helden-Epos. お前さんの英雄叙事詩の
なかに入れておけばいいよ。Die Propaganda-Kompanie wird sich
freuen. 宣伝省の奴らも喜ぶよ。」艦長はさらに続けて、エリート然と
した第一当直士官に当てつけて言う。「Musik fehlt hier. 何か音楽が
ほしいな。Unser Hitlerjugendführer könnte mal 'ne Platte aufle-
gen lassen. われらがヒトラーユーゲントのリーダーに何かレコード
をかけてもらおうか。」別の場面で、艦長が独政府首脳部に対して
「Die sind wohl in Berlin nur noch damit beschäftigt, für Churchill
neue Schimpfnamen zu erfinden. ベルリンの奴らはチャーチルに新し
い蔑称を考え出すことしか頭にないのかい」と皮肉を向け、蔑称の一
つParalytiker（進行性麻痺患者）を例に挙げて、「Ich muss schon
sagen, für 'nen besoffenen Paralytiker heizt der uns ganz schön
ein. 酔っ払いの麻痺患者にしちゃ、われわれをえらい目にあわせてく
れてるじゃないか」と言うと、この第一当直士官は生真面目に政府の
立場で優等生の返答をする。そのエリートにわざわざ艦長が指示して
かけさせ、艦内に流れるのが、敵国イギリスの流行歌Tipperary-Song
である。これは、なかなか皮肉の利いた楽しい場面だ。

Die Tommys müssen sich ja schämen, wenn sie in der Zeitung sehen, wer ihnen die Hölle heiß-macht... Säuglinge, die an die Mutterbrust gehö-ren.

◎　◎　◎

　イギリス兵たちは、自分たちを悩ませているのがどんな奴らか新聞で見たら、きっと恥じ入るだろうよ。ママのオッパイ吸ってるような赤ちゃんたちだぜ。

セリフの背景　　出港して間もない頃、艦上で無邪気に写真を撮りまくるヴェルナーに艦長は、「Machen Sie Fotos von einlaufender Besatzung, nicht von auslaufender. 出港するときでなく、入港するときの乗組員の写真を撮ってほしい」と声をかける。その理由は、「Weil sie dann Bärte haben! 帰るときには髭が生えてるからな。」それに続けて、艦長は上のように皮肉を言うわけだが、つまり、いま髭もなく、戦争の現実を知らないで無邪気にはしゃいでいる「赤ちゃん」のような乗組員たちを新聞に載せたら、イギリス兵に笑われる、まだそのような兵士でしかないということだ（映画の末尾、入港したＵ96上のひげ面の兵士たちは、確かにしっかりと戦争を経験した男になっている）。艦長はさらに「Steinalt kommt man sich vor unter all den Gören. このガキどもといると、どうしようもなく老いぼれになった気がするよ。Der reinste Kinderkreuzzug... まさにお子様十字軍だな」と毒づくが、それは無邪気なヴェルナーにも同じように当てはまる。ヴェルナーは、気恥ずかしくなりカメラをしまう。

　この艦長の対極に位置するのは、エリートの模範的言動を体現する第一当直士官（1WO）だろう。メキシコにある義理の両親の農園で働

いていたという1WOは、裕福でおそらく大学出と思われる。わざわざ軍人になってヨーロッパにやってきた彼に対して、艦長が「Weiter Weg. 遠路はるばるだな」と言葉をかけると、「Für mich als Deutscher war das selbstverständlich. 私にとって、ドイツ人として当たり前のことです」と答える。その返答の内容だけでなく、しゃべり方や表現そのものがきわめて模範的である。彼が出て行ったあと、艦長は独り言のように「Kinnmuskelspanner, unser 1 WO. 正確無比のお偉いさんだな、1 WOは。Junger Marschierer. 若さから血気にはやって行進する。Weltanschaulich durchgeformt. 世の中はこうだと考えが凝り固まっている」とコメントする。陽気な第二当直士官（2 WO）が「Der ist so verkrampft, der kann mit den Arschbacken Nüsse knacken. あいつはほんとにカチカチで、ケツでクルミの殻でも割れるんですよ」と軽口をたたくが、これも楽しい。

　似たようなやり取りが、食料と燃料のためにスペイン洋上で立ち寄ったヴェーザー号上でもある。「Helden der Tiefe 深海の英雄」の武勇伝に興味津々のヴェーザー号艦長が、「Nun sagen sie doch mal, wie ist es so in der Tiefe, wenn der Feind oben lauert? 教えてくださいよ、敵が上で待ち伏せているときに、海の底ではどんな様子なんでしょうか」と尋ねると、U96の艦長は「Dunkel und still. 暗くて静かだ」とそっけなく答える。すると、陽気な2WOが「Ja, wenn keiner furzt! ええ、誰も屁をこかなければね」と茶々を入れるが、エリートの1WOは「Was der 2WO meint, ist das bei Schleich-fahrt die Mannschaft äußerste Disziplin haben muss. つまり2WOの言おうとしたのは、静粛潜行中は乗組員に対してきわめて厳格な規律が求められるということです」と生真面目に解説する。他の士官がクロスワードパズルをして時間つぶしをしていると、「Das Geistige kommt hier zu kurz. ここには精神的なものが欠けてますね」と1WOがコメントするシーンがあるが、それもまさに彼の性格を体現する台詞である。

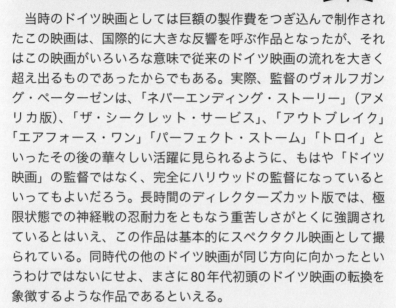

『U・ボート』について

　当時のドイツ映画としては巨額の製作費をつぎ込んで制作されたこの映画は、国際的に大きな反響を呼ぶ作品となったが、それはこの映画がいろいろな意味で従来のドイツ映画の流れを大きく超え出るものであったからでもある。実際、監督のヴォルフガング・ペーターゼンは、「ネバーエンディング・ストーリー」（アメリカ版）、「ザ・シークレット・サービス」、「アウトブレイク」「エアフォース・ワン」「パーフェクト・ストーム」「トロイ」といったその後の華々しい活躍に見られるように、もはや「ドイツ映画」の監督ではなく、完全にハリウッドの監督になっているといってもよいだろう。長時間のディレクターズカット版では、極限状態での神経戦の忍耐力をともなう重苦しさがとくに強調されているとはいえ、この作品は基本的にスペクタクル映画として撮られている。同時代の他のドイツ映画が同じ方向に向かったというわけではないにせよ、まさに80年代初頭のドイツ映画の転換を象徴するような作品であるといえる。

　この映画は、1973年に出版されたロタール＝ギュンター・ブーフハイムの小説『Uボート (*Das Boot*)』にもとづいている。第二次世界大戦中、自らU96の搭乗経験があるこの作家のまなざしを代弁するように、物語の展開はおもに従軍記者ヴェルナーの視点に寄り添って描かれていく。ちなみに、ヴェルナーを演じているのは、ドイツで高い人気を誇っていたロック歌手、ヘルベルト・グレーネマイアーである。

　この映画には、1981年に公開された約2時間半のヴァージョンと、テレビ版の映像（全6話で約5時間）のヴァージョンがある。ここでとりあげたディレクターズカット版は、ペーターゼン監督がハリウッドで確固とした成功をおさめたのち、1997年に公開されたものであり、1981年のオリジナル版と比べて1時間も長いものとなっている。

U・ボート

ヴェロニカ・フォスの あこがれ
Die Sehnsucht der Veronika Voss

ライナー・ヴェルナー・ファスビンダー監督

▶**脚本**◎ライナー・ヴェルナー・ファスビンダー、ペア・フレーリヒ、ペーター・メ ルテスハイマー
▶**撮影**◎クサーファ・シュヴァルツェンベルガー
▶**編集**◎ユリアーネ・ローレンツ
▶**音楽**◎ペーア・ラーベン
▶**出演**◎ローゼル・ツェヒ、ヒルマー・ターテ、コルネリア・フローベス、アンネマリー・ デュリンガー、アルミン・ミュラー＝シュタール他
▶**製作年等**◎1982年、99分、モノクロ。1982年ベルリン国際映画祭（金熊賞）受賞

ストーリー

夜の林の中、スポーツ記者のロベルトは雨のなかで たたずむ女性に出会う。その後、彼女からの呼び出し で再会し、彼女がかつての大女優ヴェロニカ・フォス と知る。ヴェロニカは、長らく役から遠ざかっている にもかかわらず、華々しい活躍と人々の注目のうちにあるかのように 振る舞っている。彼女の尋常ではない言動に戸惑いながらも、ロベル トは記者としてだけでなく、個人的に彼女に興味を抱く。調べるうち、 彼女が精神科の女医カッツの患者であることがわかってくる。さらに ロベルトは、ある老夫婦も、女医と謎の関わりをもっていることを知 る。実は、ヴェロニカやこの老夫婦は、女医によって処方されている モルヒネの依存症となり、死後、彼らの財産を女医にすべて与えるこ とになっていたのだ。ロベ ルトの頼みで、恋人のヘン リエッテは金持ちの未亡人 になり済まし、女医からモ ルヒネの処方を受け取るこ とに成功する。ロベルトは、 彼らの陰謀を警察に通報し ようとするが…

写真協力：㈶川喜多記念映画文化財団

Geld, Geld, Geld! Das ist alles, was die Leute heutzutage im Kopf haben.

◎　◎　◎

金、金、金！ 今の人たちの頭にあるのは、それがすべてよ。

セリフの背景

　　映画のほとんど終盤、医者たちの陰謀によってヴェロニカが「自殺」へと導かれる前に、華やかなパーティーが企画される。インタヴューでヴェロニカは、自分はハリウッドの三社から引き合いがある女優と語っているが、もちろんそれは虚栄でしかない。「Und von was werden Sie Ihre Entscheidung abhängig machen? Von der Gage oder... どれに決めるかは何によるのですか？ ギャラですか、それとも…」と聞かれ、ヴェロニカはそれを遮るかのように「金、金、金！」と即答する。この言葉は拝金主義に対する批判ではなく、彼女自身の生き方そのものを正当化するものとして語られている。

　　このインタヴューを行っている同じグレーテ（ロベルトの同僚）が、映画の冒頭近く、新聞社の編集部で「Schauspieler sind dumm, verlogen und eitel. 役者なんてバカでウソつきで見栄っ張りよ」と言い放っている。映画で描かれる現在のヴェロニカは、まさにそのような虚言と虚栄の世界に生きている人間でしかない。映画の冒頭ではそういったヴェロニカの異常な言動が際立って描かれている。ロベルトと一緒に乗った路面電車の中で、空席に座ることを勧められた彼女は、ほとんどパニックになりながら拒否する。「Die Leute würden mich erkennen, verstehen Sie?（そんなことをしたら）私が誰か他の人にわかってしまうでしょう？ Sie würden mich anstarren und über mich reden, und manche würden mich vielleicht sogar anspre-

ヴェロニカ・フォスのあこがれ

chen und ... みんな私のことをじっと見て、私の話をして、ことによ
ると私に話しかけてくる人までいるかもしれない…」二人が再会して、
ホテルのティールームで話をする場面では、見かけ上、女優としての
余裕を見せてはいるものの、彼女の言葉にはつねに過剰な自意識が露
骨に表れている。「Sie haben mich doch nicht gleich erkannt, oder?
私が誰かすぐにわからなかったでしょう？」と聞くとき、ロベルトは
この女性が何者かまだ分かっていないのだが、それも気づかずヴェロ
ニカは続ける。「Für mich war es eine Wohltat, dass sich jemand
meiner angenommen hat, der nicht wusste, dass ich Veronika
Voss bin, der nicht wusste, dass ich berühmt bin. 私があのヴェロ
ニカ・フォスだと知らない人、私が有名人だってことを知らない人が
私のことを気にかけてくれたっていうのは、私にとってはうれしいこ
とだったのよ。Endlich, endlich war ich ein Mensch.　ああ、やっ
と私も普通の人間になれたのね。」

　こういった虚栄が完全にほころびを見せるのが、ロベルトが彼女の
邸宅で一夜を過ごしたときである。薬が切れ、過去の記憶と悪夢のた
めに、ヴェロニカは完全に正常さを失っている。「Ich brauche einen
Arzt. 医者が必要なの。Ich bin krank. 病気なんです。Du musst
mich in die Stadt fahren. 街に連れてって。」彼女を医師カッツのと
ころに連れて行った翌朝、カッツはロベルトを部屋に招き入れ、悪事
が露呈しないために「事情」を説明する。「Wenn Sie wollen, dürfen
Sie noch einen Blick auf sie werfen. ご希望でしたら彼女をご覧い
ただいてもいいんですよ。Sonst denken Sie womöglich noch, ich
würde sie vor Ihnen verstecken. さもなければ、私が彼女をあなた
から隠しているかのように思われるかもしれませんしね。」さらに挑発
的に「Oder am Ende gar umbringen. あるいは最後には殺してしま
うと思われるとか」といって、この「冗談」をみなが笑い飛ばすが、
この言葉はこの時点ですでにきわめて不吉に響いている。

Sagen Sie unserer Freundin, dass er Buch geführt hat über das Glück, das ihm noch zusteht. Und dass wir wissen, dass es nur noch wenige Seiten hat.

◎　◎　◎

　私たちの共通のお友だちにお伝えください。この人は、まだこの人のものになっている〈幸福〉について、ちゃんと記帳していますと。そして、残りページはあとちょっとしかないとわかっていますと。

ヴェロニカ・フォスのあこがれ

セリフの背景

　この映画のなかで、ヴェロニカとともに、医師たちの陰謀の「犠牲者」として描かれる老夫婦、トライベル夫妻の邸宅での謎めいた場面は、この映画にミステリーとしての奥行きを与えてくれるとともに、謎の手がかりを与えてくれる。ロベルトの代わりに店に入った恋人のヘンリエッテを迎えたのは、「Das Paradies sendet einen Engel aus, um mich auf die Probe zu stellen. 私を試すために、天国が天使を遣わしてくれるんだね」という老人のにこやかな言葉だった。この場面では、秘密に関わることがらの多くは隠喩（メタファー）で語られている。「天国」とは、モルヒネによる束の間の「幸福」を（彼らの莫大な財産と引き換えに）与えてくれるカッツ医師の診療所のことだが、老人たちは、同じ診療所でカッツの世話になっているヴェロニカの壺を携えたヘンリエッテを、その「天国」＝診療所の使いと思い込んだというわけだ。「Engel 天使」という言葉は、かわいい子どもや女の子に呼びかけるとき用いられるが、ここではそういった呼びかけと「天使」そのものの二つの意味がかけられていることになる。「記帳」されているのは、処方されたモルヒネと彼らの財産の貸借関係であり、その「残りページ」がわ

ずかになったとき（財産が底をついたとき）、彼らに残されているのは死しかない。そのことを彼らは了解している。「Gestatten Sie, dass ich Ihnen die Tür zu Ihrer Welt öffne. あなたの世界への扉をお開きすることになり申し訳ございません。Meine Welt sind die Träume. 私の世界は夢なのです。Sagen Sie unserer Freundin, dass ich mich nach ihrer letzten Wohltat sehne. お友だちに、最後の恩恵を受けることを切に願っておりますとお伝えください。」彼らにとって、モルヒネの「幸福」に浸ることのできる世界は「夢」の世界であり、店の外、つまりその外の世界へと帰るように促すことは、この老人にとっては申し訳ないことと感じられるわけだ。老人たちが「夢」の世界のうちにとどまらなければならないのは、彼が腕の入れ墨の数字を見せ、トレブリンカ絶滅収容所の生き残りであるからだとわかる。これもショッキングなシーンだ。うろたえるヘンリエッテに、老人は「Verstehen Sie jetzt, warum ich mit Ihrer Welt nihcts zu schaffen haben will, Mein Engel. どうしてわたしがあなたの世界と関わりをもちたくないかおわかりになったでしょう、天使さん（お嬢さん）」と声をかける。

　ロベルトがこういった陰謀を知るのは、ヴェロニカの前の夫マックスと酒場で痛飲している場面だ。「Vernichten wird sie dich. あんたはあの女で身を滅ぼすよ。Weil sie süchtig ist. あいつは中毒だからね。」前夫はさらに付け加える。「Vielleicht ist sie ja bald tot. ひょっとするともうじき死ぬかも。」ぎょっとするロベルトに彼は続ける。「Das Zeug kostet ja schließlich einen Haufen Geld, nicht wahr? ブツのためにはえらく金がかかるだろう？ Und wenn sie nicht mehr zahlen kann, kriegt sie nichts mehr, und dann ist sie tot. 金が払えなくなったら、それも手に入らなくなり、そうなれば死ぬってことだ。」ロベルトはここでようやく事情を察する。「Du meinst ... diese Ärztin nimmt Geld von ihr? つまり…あの医者が彼女から金を巻き上げてるってことか？」

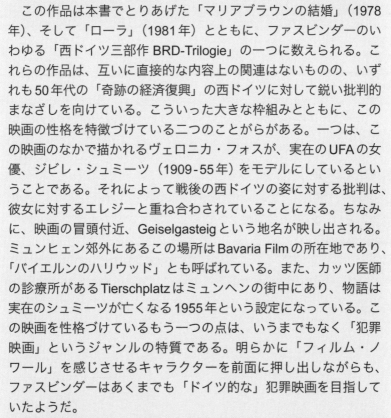

『ヴェロニカ・フォスのあこがれ』について

　この作品は本書でとりあげた「マリアブラウンの結婚」（1978年）、そして「ローラ」（1981年）とともに、ファスビンダーのいわゆる「西ドイツ三部作 BRD-Trilogie」の一つに数えられる。これらの作品は、互いに直接的な内容上の関連はないものの、いずれも50年代の「奇跡の経済復興」の西ドイツに対して鋭い批判的まなざしを向けている。こういった大きな枠組みとともに、この映画の性格を特徴づけている二つのことがらがある。一つは、この映画のなかで描かれるヴェロニカ・フォスが、実在の UFA の女優、ジビレ・シュミーツ（1909-55年）をモデルにしているということである。それによって戦後の西ドイツの姿に対する批判は、彼女に対するエレジーと重ね合わされていることになる。ちなみに、映画の冒頭付近、Geiselgasteig という地名が映し出される。ミュンヒェン郊外にあるこの場所は Bavaria Film の所在地であり、「バイエルンのハリウッド」とも呼ばれている。また、カッツ医師の診療所がある Tierschplatz はミュンヘンの街中にあり、物語は実在のシュミーツが亡くなる1955年という設定になっている。この映画を性格づけているもう一つの点は、いうまでもなく「犯罪映画」というジャンルの特質である。明らかに「フィルム・ノワール」を感じさせるキャラクターを前面に押し出しながらも、ファスビンダーはあくまでも「ドイツ的な」犯罪映画を目指していたようだ。

　この映画がモノクロで撮られているのは、単に過去の犯罪映画の特定のジャンルに連なるためだけではない。映画の全編において、白と黒の光のコントラストが、われわれに強烈なインパクトを与えてくれる。ヴェロニカがホテルのロビーでロベルトに語る次の言葉は、ファスビンダーのイメージを直接表現するものだろう。「Licht und Schatten, das sind die beiden Geheimnisse des Films. 光と影、これが映画の秘密なのです。」

ヴェロニカ・フォスのあこがれ

16 フィツカラルド
Fitzcarraldo

ヴェルナー・ヘルツォーク監督

▶**脚色**◎ヴェルナー・ヘルツォーク
▶**撮影**◎トーマス・マウホ
▶**編集**◎ベアーテ・マインカ=イェリングハウス
▶**音楽**◎ポポル・ヴー
▶**出演**◎クラウス・キンスキー、クラウディア・カルディナーレ、パウル・ヒッチャー、グランデ・オテロ他
▶**製作年等**◎1982年、157分、カラー。1982年ドイツ映画賞（最優秀映画賞銀賞）、1982年カンヌ国際映画祭（最優秀監督賞）他多数受賞

ストーリー

　20世紀初頭、ペルーのイキトスに住むフィツカラルドと愛人のモリーは、公演のために訪れているカルーソーの舞台を一目見ようと、わざわざブラジルのマナウスにあるテアトロ・アマゾナスまでやってくる。フィツカラルドは、イキトスにもオペラ劇場を建て、カルーソーを呼びたいという途方もない夢をもっている。そのためには生ゴムによって富裕な街となったマナウスのように、生ゴムの商売を始めることが必要であるとわかる。そこでフィツカラルドは、娼館を経営するモリーを説得して、富裕な生ゴム商人のドン・アキリーノから大きな蒸気船を購入する。だが、フィツカラルドが入手した、アマゾン川の支流沿いにあるジャングルの奥地に行くためには、蒸気船では航行不可能な急流を通らなければならない。地図を見たフィツカラルドはあるアイディアを思いつき、急いで雇い入れた乗組員たちとともに、ジャングルの奥地へと向かう。そのアイディアとは、船に山を越えさせることだった…

写真協力：㈶川喜多記念映画文化財団

100

Sie sind ein komischer Vogel, aber irgendwie mag ich Sie doch.

◎　◎　◎

あんたはヘンな奴だが、それでもなぜかあんたが好きなんだよ。

セリフの背景

　主人公のフィッツカラルドのエキセントリックなキャラクターは、クラウス・キンスキーの圧倒的な演技（ほとんど地のように思えてしまう）もあって、映画の冒頭からかなり濃い印象を与える。マナウスの劇場で、舞台上のテノール歌手カルーソーが観客の方に手を差し出せば、「Ich glaube, er deutet auf Dich. あなたのことを指しているんじゃない？」と言うモリーに（モリーの妄想もフィッツカラルドにひけをとらない）、「Ja, er deutet ... Er zeigt auf mich! Hast du gesehen? そうだ、彼はぼくのことを指している！ 見たかい？」と有頂天になる。金持ちの集まるクラブで大きな蓄音機を持ち出し、場違いなカルーソーの歌声を響かせて、陶然とした表情で「どうです、みなさん！」とでも言うかのように会場を見渡すキンスキーの演技もすごい。さらには、アマゾンの支流を上る蒸気船が、姿の見えない原住民の威嚇的な太鼓の物音にさらされるときも、「Jetzt kommt Caruso dran. お次はカルーソーの番だ」と船上で蓄音機とともに立つ姿は、この映画のなかでもひときわ印象深いものだ。フィッツカラルドという男は、ほんとうに常軌を逸しているのだが、それでも上に引用したドン・アキリーノの言葉にあるように、映画を見ているものは彼の途方もない行動に次第に引き込まれていく。

　途中立ち寄った宣教師のいる村で、フィッツカラルドはそこで行われている原住民の教化に対してある種の感銘を受ける。若い神父によれ

フィッツカラルド

ば、読み書きや洗濯をするようになった子どもたちは、自分をもはや「原住民」ではなく、ペルー人と考えているという。それに対して年配の神父は、原住民の大人について次のように言う。「Nun, es hat den Anschein, dass wir sie einfach nicht heilen können von der Vorstellung, dass unser gewöhnliches Leben nur eine Illusion darstellt, hinter der sich die Realität der Träume verbirgt. われわれの通常の生活など単なる幻影に過ぎなくて、その背後に夢という現実が隠れているのだ、というのが彼らの考え方ですが、そういった考え方を直してやるというのは、どうもそう簡単ではなさそうですね。」この神父の言葉には、さしあたり文明vs未開の思考という二項対立が提示されている。しかしこの映画では、未開社会に入り込むのは必ずしも西欧の合理主義的思考ではない。原住民と同質のものではないにせよ、フィツカラルドもまた、一般的に「現実」と考えられている「われわれの通常の生活」ではなく、「夢という現実」にとり憑かれている。だからこそ、この神父の言葉に対してフィツカラルドは、「Mich interessiert das alles sehr. そういうお話は私にも興味深いですね。Wissen Sie, ich bin nämlich ein Mann der Oper. ほら、私もオペラの人間ですからね」と答える。カルーソー、オペラというのは、フィツカラルドにとって、まさに「夢という現実」である。その意味で、密林に向かって蓄音機でカルーソーを流すことは、この映画の枠組みを象徴する行為でもある。船長に選ばれたオランダ人は、フィツカラルドにこうアピールする。「Der Urwald ist voll von Sinnestäuschungen. 原生林は錯覚を起こさせるものだらけですよ。Er ist voll von Träumen, Lügen und Dämonen. 夢やら、ウソやら、デーモンやらでいっぱいです。Ich habe zu unterscheiden gelernt zwischen der Realität und Halluzinationen. 私は、現実と妄想とを区別することを学んだのです。」密林は確かにそのような場所かもしれない。しかし、それがまさにフィツカラルドの世界でもあるのだ。

Dieser Gott kommt aber nicht mit Kanonen, er kommt mit der Stimme von Caruso.

◎ ◎ ◎

だが、この神は大砲とともにやってくるんじゃない。カルーソーの声とともにやってくるんだ。

セリフの背景

　映画の後半、巨大な蒸気船が山を越す場面では、映画のなかで30分以上の時間を使っている。これ自体が一つのスペクタクルではあるが、ここには物語が展開していく上での重要な疑問が絡んでいる。原住民に包囲されたフィツカラルドたちは、一般的にいえばかなり危険な状況にある。それなのに、彼らはなぜ襲われないのか。さらに原住民は、蒸気船に山を越えさせるというきわめて危険で過酷な、とんでもない労働をなぜ引き受けるのか。このことは原住民の迷信に関係している。ここではそういった原住民の「夢という現実」に関わる言葉を追っていくことにしよう。

　船をとり囲む原住民たち（ジヴァロ族）は、料理人として雇い入れたウエレケケによれば、「Sie wanderten 10 Generationen lang durch den Urwald, auf der Suche nach dem weißen Gott in einem himmlischen Gefährt. すばらしい乗り物に乗った白い神を求めて、10世代にもわたって原生林をさまよっていた。」その神が、彼らを理想郷に連れて行ってくれると信じているという。フィツカラルドはその神話を利用できると考え、「カルーソーの声とともにやってくる」神を演出しようとする。ただし、植民地国家によって南米の征服のために用いられた「大砲」が、西欧合理主義の暴力的支配であるとすれば、フィツカラルドの「カルーソー」はいわば「夢」の力とでもいうべきものである。

フィツカラルド

ついに船に乗り込んできた原住民の言葉をウエレケケはこう伝える。「Sie sprechen über das weiße Gefährt. Und sie meinen unser Schiff damit. 連中は白い乗り物のことをしゃべっていて、この船がそれだと思ってます。Sie hoffen, dass es ihnen die versprochene Erlösung bringt, denn auf dieser ganzen Landschaft hier, sagen sie, lastet ein Fluch. この船が彼らに約束された救済をもたらしてくれると思ってるようですね。彼らの言うには、このあたり一帯に呪いがかけられているということなんで。」とはいえ、船に山を越えさせるという途方もない労働まで引き受けた理由がまったくわからない。「Warum tun die das alles? Ich frage mich, warum sie wie die Pferde für uns arbeiten? Warum, warum, warum ... こいつらは何でこういうことをしてくれるんだ？どうして馬のようにわれわれのために働いてくれるのか不思議だ。なぜだ、なぜだ？」こう独り言を言うフィッツカラルドに、ウエレケケも「Ich weiß es auch nicht. Nur eines weiß ich genau: sie haben einen Grund dafür. Irgendwas haben sie vor. 私にもわかりませんがね、一つだけはっきりしてますよ。何か理由があるってことです。あいつら何か企んでるんですよ。」その理由は、皮肉なかたちで明らかになる。山越えに成功し、川に繋ぎ止められていた船のロープが切られ、船は急流に向けて流されていく。ウエレケケは原住民からその理由を知らされる。「Sie waren immer der Meinung, dass sie das Schiff nur über den Berg bringen sollten, um es drüben durch die Stromschnellen des Pongo treiben zu lassen. やつら、船をポンゴの急流に流すために船の山越えを手伝うんだって、ずっとそう考えていたんですよ。Nur mit dem „göttlichen Gefährt" hätten sie die bösen Geister des Pongo besänftigen können! 神の乗り物なら、ポンゴの悪霊たちを鎮めることができたはずだってね。」

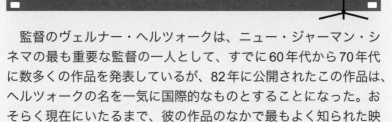

『フィツカラルド』について

　監督のヴェルナー・ヘルツォークは、ニュー・ジャーマン・シネマの最も重要な監督の一人として、すでに60年代から70年代に数多くの作品を発表しているが、82年に公開されたこの作品は、ヘルツォークの名を一気に国際的なものとすることになった。おそらく現在にいたるまで、彼の作品のなかで最もよく知られた映画と言ってよい。ちなみにオリジナルの言語は、英語で制作されている。

　この映画の制作は多難をきわめたようだ。当初、ジェイソン・ロバーズを主役に、そしてミック・ジャガーも起用した配役で進められていたが、ロバーズの病気などで挫折、最終的にはヘルツォーク映画でおなじみのクラウス・キンスキーが引き受けることになった。当初の配役での映像の一部は、ヘルツォークとキンスキーの愛憎を描くドキュメンタリー映画「キンスキー、わが最愛の敵」（1999年）で見ることができる。

　この映画のすごいところは、巨大な蒸気船に山を越えさせるという主人公フィツカラルドの途方もない思いつきを、撮影のためにほんとうにやっていることだ。特殊撮影も模型も、一切用いられていない。ヘルツォーク自身がまさにフィツカラルドの姿に二重写しになる。まさにそうでなければ撮ることができない力を、われわれは映像のうちに感じることができる。ヘルツォークは、ヴェンダースの映画「東京画」（1985年）のなかで、東京タワーの上で撮られた有名なインタビューを残している。東京の雑然とした風景を前に、「純粋でクリアで透明な映像を手に入れるためには」8,000メートルの山に登るのも苦ではないというヘルツォークの方向は一見、ヴェンダースの対極にあるかのようだ。だが、二人の映像に対する愛情は同じものだ。この作品にも、そのような映像への愛情と力が溢れている。ポポル・ヴーの静かで不思議な音楽、シュトラウスの「死と変容」をバックにした映像もヘルツォークの世界だ。

16

フィツカラルド

105

ベルリン・天使の詩
Der Himmel über Berlin

ヴィム・ヴェンダース監督

▶**脚本**◎ヴィム・ヴェンダース、ペーター・ハントケ
▶**撮影**◎アンリ・アルカン
▶**編集**◎ペーター・プルツィゴッダ
▶**音楽**◎ユルゲン・クニーパー
▶**出演**◎ブルーノ・ガンツ、ソルヴェーグ・ドマルタン、オットー・ザンダー、クルト・ボイス、ピーター・フォーク
▶**製作年等**◎1987年、127分、カラー。1987年カンヌ映画祭（監督賞）、1988年ドイツ映画賞（金賞）、1988年ヨーロッパ映画賞（最優秀監督賞）他多数受賞

ストーリー

天使ダミエルとカシエルはベルリン（1980年半ば）で人々の生を見つめ、声を聞きとっている。彼らは自分の見聞きしたことを互いに報告しあう。普通の人々に彼らは見えないが、子どもにはその存在は感じとれる。そんななか、ダミエルはサーカスの空中ブランコ乗りマリオンを知り、彼女に心を惹かれる。ダミエルはサーカス団の居住ワゴン、サーカスの本番、ロックコンサート、あるいは夢の中でマリオンに寄り添う。同じ頃、ベルリンには俳優のピーター・フォークが撮影のために来ていた。彼は近くにいるダミエルの存在を感じとり、人間の世界がどれほどすばらしいか天使ダミエルに語る。ダミエルは、人間の世界への憧れをカシエルに話しているうち、いつしか人間となっている。人間となったダミエルはまずマリオンを探すが、サーカス団は解散し、彼女の姿は見当たらない。しかし、かつて彼女のワゴンで聞いたバンドのコンサートを知り、その会場でようやく彼女にめぐり合う…

写真協力：㈶川喜多記念映画文化財団

Als das Kind Kind war, / ging es mit hängenden Armen, / wollte, der Bach sei ein Fluß, / der Fluß sei ein Strom / und diese Pfütze das Meer.

◎　◎　◎

子どもが子どもだったとき／その子は腕をぶらぶらして歩き／小川は川になって／川は大河になって／そしてこの水たまりは海になればいいなと思ってた。

セリフの背景　映画はダミエルの語るこの詩の言葉から始まる。この映画にはいくつかの軸となる構成要素があり、その一つが「詩」である。「詩」を中心として、「子ども」「語ること」「記憶」「物語／歴史」といった軸そのものが互いに結びつきながら、映画の主題として提示されてゆく。映画の比較的冒頭で、子どもを連れた親たちの頭の中に流れているのも詩の言葉（！）である。「Die Labsal, den Kopf zu heben zum Licht hier draußen, im Freien,/ die Labsal der von der Sonne durchleuchteten Farben der augen der Menschen. いま外でこのように光に向かって頭をもちあげる心の安らぎ／太陽に照らされた、人々の目の色という心の安らぎ。」人間の女性に憧れた天使が人間となってその女性と結ばれる、といった単なるラブストーリー（この映画の「リメイク」とされる「シティ・オブ・エンジェル」（1988年）のように）としてこの映画を見てしまうと、この映画の最も重要なものをすべて見落としてしまうことになるだろう。

　人間が最も大切なものをまだ純粋に保っていた子ども時代を、上に掲げた「子ども時代の詩」は、この映画のいくつかの重要な場面で何度もかたちを変えて呼び起こす。直接この詩が現れるわけではないものの、交通事故で死にかけている男性が、最後の瞬間にダミエルとと

もに、この世の美しい記憶の名前をあげて呼び起こしていく場面は、この映画のなかで最も美しい詩の言葉と映像が現れる瞬間の一つである。「Die Flecken der ersten Tropfen des Regens. Die Sonne. Das Brot und der Wein. Der Hüpfschritt. Das Osterfest. Die Adern der Blätter. Das wehende Gras. Die Farben der Steine.(...) Das freihändige Radfahren. Die schöne Unbekannte. Mein Vater. Meine Mutter. Meine Frau. Mein Kind. 雨の最初の数滴がつくる染み／太陽／パンと葡萄酒／ぴょんぴょん跳び／イースター／葉っぱの葉脈／風にそよぐ草／いろんな石の色／［…］／手放し自転車乗り／知らない美人／私の父／私の母／私の妻／私の子ども。」

　この映画には、実は「ホメロス」が現代の老人の姿で現れる。「Erzähle, Muse, vom Erzähler, dem an den Weltrand verschlagenen kindlichen Uralten und mache an ihn kenntlich den Jedermann. 語れ、ムーサよ、語り手のことを。あの、世界の端へと押し流されてしまった、子どものような太古の老人のことを。そして、この者の姿に、すべての人の姿をみとめさせよ。」ホメロスが現れるのはまず国立図書館であり、そして（1980年代半ばの時点で）歴史のなかに荒野として取り残されたポツダム広場である。これらはともに歴史の記憶の場である。映画全体のなかでもひときわすばらしい国立図書館のシーンで、なぜあれほどまでにたくさんの天使たちが図書館に集まっているのか、不思議に感じるかもしれない。それはなによりもそこが歴史・記憶の場であるからだ。「Soll ich jetzt aufgeben? Wenn ich aufgebe, dann wird die Menschheit ihren Erzähler verloren, so hat sie auch ihre Kindschaft verloren. もうあきらめるべきだろうか。もし私があきらめれば、人類は語り手を失ってしまう。そのように人類は子ども時代を失ってしまったのだ。」物語／歴史を語ることは、この映画では、このように子ども時代ときわめて強く結びついているのである。

Es gibt keine größere Geschichte als die von uns beiden, von Mann und Frau. Es wird eine Geschichte von Riesen sein, unsichtbaren, übertragbaren , eine Geschichte neuer Stammeltern.

◎　◎　◎

　私たち二人、男と女の物語より大きな物語はない。それは巨人たちの物語になるでしょう。目に見えない、別のものに言い換えられる巨人たちの。あるいは、新しい祖先の物語になるでしょう。

セリフの背景　この映画の最後、二人がようやく出会ったバーのカウンターでの、マリオンの長い台詞のなかの言葉だ。この映画をラブストーリーのように見ようとすると、この最後のマリオンの長い台詞は謎でしかない。「Wir zwei sind jetzt mehr als nur zwei. Wir verkörpern etwas. 私たち二人はいまでは単なる二人以上の存在なのです。私たちは何かを体現しているのです。」まさにこの言葉が端的に示しているように、ここで語られているのはある特定の個人の愛の物語ではない。そうではなくMann und Frauとまさに無冠詞でいわれているように、より一般化・抽象化された「男と女」の物語なのだ。マリオンが口にする「孤独」という言葉も、それぞれ孤独な二人が出会う途上で決定的な言葉ではあるが、それは単に個人の感情を言い表すものではなく、むしろ新しい物語が始まるための必然的な要素なのである。「Einsamkeit heißt ja: Ich bin endlich ganz. 孤独であるということは、私はいま、ついに全体になったということ。」

　これまで「孤独」だった存在が結びつくことによって、「男と女」という「新しい祖先」の物語、いわばアダムとエヴァの物語＝歴史（Geschichte) がいまここで生まれる。この映画のなかでダミエルが人間となる以前の部分、つまり天使のまなざしが世界をとらえている部分では、ほんとうの意味での歴史＝物語は存在しない。確かに、天使は人間の世界の特定の時間のうちに身を置いているようにも見える。しかし、天使の「永遠」の世界には本来、時間は流れていないのだ。映画の冒頭付近、ダミエルとカシエルは互いに人間の世界のいろいろな出来事を報告する。しかし、それらの出来事はあくまでも断片としてとどまり、決して「物語＝歴史」としての流れを形成することはない。「Ich möchte bei jedem Schritt oder Windstoß «Jetzt» sagen können. 一歩あるくごとに、風が一吹きするごとに、『ほらいま！』と言えるようになりたい」とカシエルに語るダミエルの言葉は、無時間的な「永遠」のなかにある天使が、「いま」という時間に対して抱く切実な憧れを表している。

　ダミエルが人間になったということは、つまり彼がそのような時間の世界のうちに入ったということを意味する。その意味で、映画としては、実はここからダミエルの歴史＝物語が始まっているともいえる。（実際、ダミエルが人間になって映像がカラーになるところから、映画の物語的展開が初めて明確になるのであって、それまでは詩的映像と言語の断片が一つの「物語」へと収束することはない。）映画の最後に置かれたマリオンの長い台詞は、まさにそのような「歴史＝物語」の始まりを宣言するものといえるだろう。「Ich weiß nicht, ob es eine Bestimmung gibt, aber es gibt eine Entscheidung! Entscheide dich! Wir sind jetzt die Zeit. 〈定め〉というものがあるかどうかわからない。でも、〈決断〉はある。決断して！ 私たちがいま〈時〉となるの。」

　映画の最後、二人でサーカスの練習をしている場面でダミエルが語る。「Etwas ist geschehen, es geschieht immer noch. 何かが起こった。そして、それは今も起こり続けている。」「geschehen 起こった」もの、それはつまり「Geschichte 歴史＝物語」なのである。

『ベルリン・天使の詩』について

　この映画についてもっと知りたい人は、彼自身のエッセイ集『映像（イメージ）の論理』（河出書房新社）を一読するようお勧めする。また、Suhrkamp 社から出版されているこの映画の台本（ドイツ語）は、非常に多くの情報をもたらしてくれるだろう。ただし、ヴェンダース自身の言葉によれば、彼がこの映画を制作していたとき、いわゆる脚本などは存在していなかったようだ。「脚本」担当としてペーター・ハントケの名前があげられているが、ハントケはいわゆる脚本的なものを提供したわけではなく、詩の言葉を次々にヴェンダースに送ってきたらしい。しかし、まさにそれがこの映画の核をなすものとなっている。

　この映画は、ベルリンの壁崩壊のほんの数年前に制作されたものということになる。壁に挟まれた「Niemandsland「無人地帯」（そこでカシエルと話すダミエルは、次第に天使ではなくなっていく）はさすがにセットなのだが、ホメロスがカシエルと歩いてゆく荒涼としたポツダム広場の映像は、まさにこの時代の情景をいまのわれわれに示してくれる。現在のポツダム広場が完全に変貌を遂げたにせよ、あるいはまた、ベルリンの東西分裂が政治的に解消されたにせよ、この映画のなかで描かれているような、歴史のうちに呪縛されたベルリンの意味が変わったということは決してない。この映画のなかで天使たちが、1980年代半ばのベルリンに基本的に身を置きながらも、さまざまな歴史の断片のなかを漂っているように、現在のベルリンがどれほど華やかなものとなろうとも、天使の目から見れば、ベルリンはそのような歴史の堆積物のなかで時を積み重ねていることになるのだろう。

　この映画で素敵な役を演じているピーター・フォークの台詞（すべて英語）に言及することができなかった。彼のニヤッとさせる魅力的な役どころを映画のなかで楽しんでいただきたい。

ベルリン・天使の詩

ラン・ローラ・ラン
Lola rennt

トム・ティクヴァ監督

▶**脚本**◎トム・ティクヴァ
▶**撮影**◎フランク・グリーベ
▶**編集**◎マティルド・ボンフォワ
▶**音楽**◎トム・ティクヴァ他
▶**出演**◎フランカ・ポテンテ、モーリッツ・ブライブトロイ、ヘルベルト・クナウプ、ニーナ・ペトリ他
▶**製作年等**◎1998年、81分、カラー。1999年ドイツ映画賞（金賞）、1999年サンダンス映画祭（外国映画観客賞）他多数受賞

ストーリー

　おそらく1990年代半ばのベルリン。ローラのところに恋人のマニから電話がかかってくる。マニは裏金の運び人で、この日はちょっとした不運のために彼と連絡が取れなくなっていた。マニは、パニックになりながら、ローラのバイクが来なかったため仕方なく地下鉄に乗り、浮浪者に気を取られて、預かった10万マルクの袋を電車に置き忘れてしまったと説明する。金をボスに渡す12時まであと20分。それまでに金を用意できなければ、マニは殺されてしまう。ローラは、絶望して自暴自棄になっているマニに、なんとか金を用意するからそこで待っていてと叫ぶ。次にとるべき行動を稲妻のごとく考え、ローラはアパートの階段を駆け下りる。まず彼女が向かうのは銀行の頭取をしている父親のところだが…。20分で10万マルクを手に入れるために、ローラはベルリンの街を駆け抜ける。

Doch ist es am Ende nicht immer wieder die gleiche Frage ... und immer wieder die gleiche Antwort?

◎　◎　◎

しかし、それは結局のところ同じ問いを何度も何度も繰り返しているだけなのではないだろうか？　そして何度も同じ答えを繰り返しているだけなのではないだろうか？

セリフの背景　映画の冒頭、物語が始まる前に、二つのモットーが引用される。一つはT. S. エリオットの言葉をドイツ語に訳したものだ。「Wir lassen nie vom Suchen ab, われわれは決して探求することをやめない。und doch, am Ende allen unseren Suchens, sind wir am Ausgangspunkt zurück そうして、あらゆる探求の終わりに、われわれはまた出発点に戻ってくることになる und werden diesen Ort zum ersten Mal erfassen. そして、その地点を初めてしっかりと知ることになるのだ。」そして、もう一つがはじめに掲げた引用を含むモットーだ。これらの言葉に共通するのは「同じ問いの繰り返し」というテーマである。

　「ラン・ローラ・ラン」は、ドイツで絶大な支持を集めただけでなく、日本でもドイツ映画としては異例ともいえるほどの人気を博した映画の一つである。この映画がこれほどまでに受け入れられた理由は、90年代半ば以降のポップ的感覚のドイツ映画を代表する、切れのよいテンポ感、映像感覚、音楽、赤い髪でベルリンを疾走するローラのファッション、アニメのポップ感、そしてゲーム的ともいえる３パターンの物語構成のうまさなど、いろいろあげることができるだろう。しかし、そういった娯楽的要素、感覚的要素とともに、ここに引用し

ラン・ローラ・ラン

113

たような一つの「思想」がこの映画を支えているからこそ、この映画の魅力が生まれているように思える。

　とはいえ、冒頭のモットーが示すように、われわれの人生が「同じ問いの繰り返し」であるとしても、時間の流れのなかで生きているわれわれにとって、本当の意味での「繰り返し」は存在しない。この映画は、あえてその時間の流れを切り取っていわば枠を作り出し、三つのパラレルワールドを描き出すことで、「繰り返し」を意識させる。それとともに、それぞれの物語のなかで緊迫感をもって流れる時間、そして、切り取られた「時間」の外にあるものへと、知らず知らずのうちにわれわれの意識を向けさせることになる。その意味で、この映画は最初から最後まで「時間」について語る映画である。

　冒頭のモットーの後、オープニングクレジットの間、大きな振り子がゆっくりと不気味に動いている。その振り子は、牙をむき出した怪物の装飾時計のものなのだが、映像はその怪物の口の中へと移動してゆく。この怪物は、ギリシア神話に登場する時の神クロノスだ。続くオープニングで、アニメーションによって描かれたローラが疾走するのも、すべてを喰らい尽くすこのクロノスの口の中、つまり、まさに「時間」のなかなのである。

　この映画には、時間のなかで生きるわれわれ人間の可能性について考えさせてくれるような仕掛けがいろいろとある。その一つが、街路を駆け抜けて行くローラの出会う人たちのその後の運命が、すばやい連続写真で示される場面だ。三つのパターンそれぞれについて、同じ人がまったく別の運命をたどることになる。この場面に限らず、この映画はかなりのテンポ感と断片化された画面の再構成を観客に要求するが、そのことも映画のテーマ自体に関わっているといえるだろう。

„Manni?" – „Mhm." – „Liebst du mich?" – „Na sicher." – „Wie kannst du sicher sein?" – „Weiß nicht. Bin's halt." – „Aber ich könnte auch irgend-eine andere sein."

◎　◎　◎

「マニ?」「ん?」「愛してる?」「そりゃそうだよ」「何でそうだって言えるの?」「わかんないよ。そうなんだって。」「だって私がほかの誰かってこともあるかもしれないじゃない。」

セリフの背景　この映画では、20分のうちに10万マルクを手に入れる試みが三回繰り返される。最初の二回は最終的に失敗に終わるわけだが、この三つのエピソードの間に二つの幕間が置かれている。ともにマニとローラがベッドの上に横になり会話を交わしているシーンだ。上に引用したのは一回目の幕間だが、二回目の幕間では、役割が逆転して、比較的一般的な恋人の言葉で答えるローラに対して、マニが食い下がってくる。「Lola? Wenn ich jetzt sterben würde, was würdest du machen? ローラ、もしオレが今死ぬことになったら、どうする?」「Ich würd dich nicht sterben lassen. 死なせないわ」(...) 「Ja gut, aber wenn ich dann trotzdem tot wär? オーケイ、でもそれでも死ぬことになったら?」(...) 「Was weiß ich? So 'ne blöde Frage. 知らないわよ。なんでそんなバカなこと聞くわけ?」「Ich weiß es. Du würdest mich vergessen. わかってるよ、オレを忘れるんだ。」「Nee. そんなことない。」「Doch, doch. Klar. Sonst, kannsts du nicht weiterleben. そうだって、間違いないって。そうでなきゃ、その先、生きていけないからな。」他愛ない恋人同士の会話のようにも聞こえるが、二人

115

の言葉は、われわれが何気なく生きている人生の最も核心的なところに入り込んでゆく。これらの問いや答えは、映画冒頭の引用と、三つの物語のなかの二人の関係の橋渡しになっている。こういった構成も、この映画が、限られた時間内に難題をこなす、ハラハラドキドキの単なる娯楽作品以上のものとなる枠組みを作り出している。

　それはともかく、ハラハラドキドキの台詞も少し見ておこう。パニックに陥っているマニに、受話器を通じてローラは大声で叫ぶ。「Du hörst mir jetzt zu. いい、私の言うことをよく聞いて。Du wartest da. そこで待ってるのよ。Ich komme. 行くから。Ich helf dir. あなたを助ける！ Du bewegst dich nicht vom Fleck. そこから動かないで。Ich bin in zwanzig Minuten da. Kapiert? 20分でそこに行くから。わかった？」しかし、マニは「Ach ja? Was willste (= willst du) denn machen? そうか？ なにしようってんだよ。Deine Juwelen verpfänden? お前の宝石を質にでも入れるのか？」と相手にしない。マニは、電話ボックスのすぐ近くにスーパーがあるのに気づき、そこに押し入ることを思いつく。ローラにとっては二重の危機だ。「Du spinnst! 何バカなこと言っているの！Du tust überhaupt nichts. 何もしないでよ！ Du bleibst genau da, in der verdammten Zelle, und ich komm jetzt. その電話ボックスから動かないで！すぐ行くから。」しかし、窮地に立たされたマニは、その可能性にしがみつく。「Ich mach 'n Überfall. 襲撃する。Was 'n sonst? 他にどうしようがあるってんだ？」何とか助けると言うローラにマニは、「Um zwölf gehe ich da rein. 12時になったら押し入る。Länger wart ich nicht. それ以上は待たない」と答え、電話が切れる。マニに強盗をさせないためのタイムリミットでもある20分の物語がこうして始まる。

Die Nazis verboten Papa, als Rechtsanwalt zu arbeiten und nahmen Großvater das Hotel weg. Irgendwann hatte niemand von unserer Familie mehr Arbeit.

◎　◎　◎

　ナチスはパパが判事として働くのを禁じ、祖父からホテルを奪った。いつのまにか家族はみな仕事を失ってしまっていた。

セリフの背景

　映画はヴォイスオーヴァーで語るレギーナの回想から始まる。「An Deutschland konnte ich mich gar nicht mehr richtig erinnern. ドイツのことはもうちゃんと思い出すことはできなかった。Ich wusste noch, dass es da Schnee gibt und Jahreszeiten. Und dass unsere Familie da war. 覚えていたのは、そこには雪があって季節があったということ、それに家族みんながそこにいたということくらいだ。」原作では、レギーナの誕生の半年後にヒトラーの政権掌握（1933年1月）とされているので、レギーナとイェッテルがケニアに移住したとき、レギーナはまだ5歳ということになる。上に引用したのは、そのような幼少期の記憶として描かれたナチスの脅威である。「Dann fragte ich meine Eltern, warum das ist, bekam ich immer die gleiche Antwort: Weil wir Juden sind, Regina. Deshalb. それで両親にどうしてそうなのと尋ねると、いつも同じ答えだった。私たちがユダヤ人だからだよ、レギーナ。だからだ。」

　このような回想という形式もそうだが、この映画ではドイツで猛威をふるうナチズムが、地理的に遠く離れたところから間接的に描かれている。1938年11月9日の晩に起こったいわゆる「水晶の夜」の事

件も、アフリカの生活に我慢できなくなってしまったイェッテルに、ヴァルターからラジオで聞いた恐ろしい情報として伝えられる。「Die Nazis haben gestern Nacht überall in Deutschland Synagogen angezündet und jüdische Geschäfte geplündert. ナチスは昨日の夜ドイツじゅうでシナゴーグに火をつけて商店を略奪した。Sie haben alles kurz und klein geschlagen. Menschen, Häuser, Läden. Alles. やつらは何もかも粉々にぶち壊したんだ。人間も、家も、店も、何もかもね。」二人は遠く離れたケニアで、ドイツに残された親兄弟の安全をただ必死に念じるしかない。

　ドイツの開戦も、彼らのアフリカの生活を間接的なかたちで、しかし決定的に変えることになる。「Auf einmal waren wir keine Flüchtlinge, sondern feindliche Ausländer. 一夜にして、私たちは亡命者ではなく、敵性外国人となってしまった。Wir wussten selbst nicht genau, warum die Engländer uns einsperrten. イギリス人がなぜ私たちを収監するのか、私たちは自分でもよくわからなかった。Wir waren zwar Deutsche und England war mit Deutschland im Krieg, aber wir waren ja auch Juden und somit kaum auf Hitlers Seite. 私たちは確かにドイツ人で、イギリスとドイツは戦争をしている。だけど私たちはユダヤ人でもあり、そういうわけでヒトラー側の人間だとはまず言えないからだ。」

　とはいえ、レートリヒ家には富裕な市民層に特有の教養主義的なドイツ文化への同化が明確に見てとれる。イェッテルは娘に語る。「Wir dachten, wir sind so deutsch, wie man nur deutsch sein kann. 私たちはこれ以上ないほど十分にドイツ的だと思ってた。Die deutsche Kultur, die Sprache, das war doch immer unser Zuhause. ドイツ文化、ドイツ語、それはいつだって私たちの故郷だった。」そしてユダヤ的伝統を保持する近親者とは違うドイツ的存在として自分自身を位置づけている。その点で、彼らはドイツに多く存在した、ブルジョワで、教養主義的なユダヤ人の典型である。

Toleranz bedeutet aber nicht, dass alle Menschen gleich sind, das wäre dumm. Und wenn ich etwas in diesem Lande gelernt habe, dann, wie kostbar diese Unterschiede sind.

◎　◎　◎

　寛容というのはすべての人が同じということじゃない。そんなのはばかげてる。この国から私が何か学んだとしたら、それは、違うということがどれほど大切かということね。

セリフの背景

　ケニアで暮らし始めて間もない頃、イェッテルは、「Deutschland ist doch ein Kulturvolk, das Land von Goethe und Schiller. ドイツは文化的国民で、ゲーテとシラーの国よ」という、ある意味で思いあがった言葉を口にしていた。そのイェッテルが、アフリカの人々や暮らしを自分のものとして受け止めることができるようになっていく過程は、この映画のなかの重要な物語の軸の一つである。

　ドイツでの裕福で文化的な生活と、アフリカのきわめて質素で厳しい環境のなかでの生活の対比は、とくに映画の前半、いろいろなかたちで描かれている。レギーナの回想の言葉は、そういった描写のなかでは最も控えめなものの一つである。「Ich musste an Schokolade denken. ココアのことを考えずにはいられなかった。Aber Mama erklärte mir auf dem Schiff, dass wir jetzt arm waren. だけど、私たちはいまは貧しくなったのだと船で聞かされた。Und für arme Kinder gibt es keine Schokolade mehr, hatte sie gesagt. 貧しい子どもにはココアはないのだ、と言われた。」朝食や休日に飲むことのできるココア（Schokolade）は、ブルジョワ家庭の一つの象徴でもあった。

名もなきアフリカの地で

視覚的にも強烈な印象を与えるのが、イェッテルが積み荷として運んだ高価な食器やイブニングドレスである。ヴァルターはドイツにいるイェッテルへの手紙のなかで、こう明言していた。「Was wir hier dringend brauchen, ist ein Eisschrank. われわれがここで緊急に必要なものは冷蔵庫だ。Wenn er nicht mehr in unsere beiden Kisten passt, schmeiß dafür das Rosenthal-Geschirr raus. もし二つの輸送箱に入るスペースがなければ、代わりにローゼンタール（高級ブランド）の食器を放り出せばいい。Das ist hier völlig unbedeutend. ここではそんなものは何の意味もない。」しかし、イェッテルは高級食器をもってきた。箱からそれを取り出そうとするオヴワーに彼女はこう言う。「Das brauchen wir nicht alles auspacken. Wir bleiben ja nicht lange hier. 全部出す必要はないのよ。どうせここに長くいるわけじゃないから。」さらにスワヒリ語しか話さないオヴワーに「Wenn du mit mir reden willst, musst du schon Deutsch lernen. 私と話をしようと思うなら、ドイツ語をさっさと身につけなさい」と、きわめて尊大な話し方 (du) をしている。ブレスラウの高級デパートでおしゃれなイブニングドレスを買ったために冷蔵庫を買えなくなったというイェッテルにヴァルターは怒りをぶつけるとともに、彼女の振る舞いをこう批判する。「Die Art, wie du mit Owuor umgehst, das erinnert mich an einige Zeitgenossen in Deutschland, mit denen du sicher nicht in einen Topf geworfen werden willst! きみのオヴワーに対する接し方を見てると、君自身きっと一緒くたにされたくないような、ドイツにいるある種の人たちのことを思い出してしまうよ。」その彼女が映画の後半では次のように語る。「Merkwürdig, wie manche Worte hier an Bedeutung verlieren. Zum Beispiel „Steuererklärung" oder „Straßenbahn". ここではいくつかの言葉が意味を失ってしまうのが不思議な感じだ。例えば、「納税申告」とか「路面電車」とか。」そのようにして、彼女はケニアの生活に入り込んでゆく。

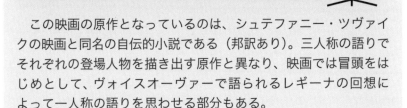

『名もなきアフリカの地で』について

　この映画の原作となっているのは、シュテファニー・ツヴァイクの映画と同名の自伝的小説である（邦訳あり）。三人称の語りでそれぞれの登場人物を描き出す原作と異なり、映画では冒頭をはじめとして、ヴォイスオーヴァーで語られるレギーナの回想によって一人称の語りを思わせる部分もある。

　この映画は、特殊な状況におかれた家族のヒューマンドラマであり、またケニアの人々や大地の躍動感に満ちた美しい映像がとりわけ強い印象を与える。しかし、それとともに、これは間接的なかたちで戦争と歴史を描く映画、そして文化のコントラストと異文化へのまなざしを描く映画でもある。この映画では、ドイツ国内にとどまった親兄弟がその後たどったような悲劇的な運命を描くのとはまったく別の視点から、アフリカに移住したユダヤ人の亡命生活を描きだしている。この作品は、そのようにして戦争やナチズムを間接的なかたちで浮かび上がらせているという点で非常に興味深い。

　原作の著者シュテファニー・ツヴァイクは、自身の体験をもとに、数多くのアフリカを舞台とした小説を発表しており、『名もなきアフリカの地で（Nirgendwo in Afrika）』（1995年）の続編として、帰国後の生活を描いた Nirgendwo in Deutschland という作品も翌1996年に出版されている。

　監督のカロリーネ・リンクは、この作品のほか、「ビヨンド・サイレンス」（1996年）や、ケストナー作品の映画化「点子ちゃんとアントン」（2008年）といった、日本でも愛好される作品によって知られる。ちなみに、聾唖の両親をもつ少女がクラリネット奏者として成長する姿を描く映画「ビヨンド・サイレンス」は、1997年の東京国際映画祭でグランプリを受賞している。

19

名もなきアフリカの地で

20 グッバイ、レーニン！
Good Bye Lenin!

ヴォルフガング・ベッカー監督

▶脚本◎ベルント・リヒテンベルク
▶撮影◎マルティン・ククラ
▶編集◎ペーター・R・アダム
▶出演◎ダニエル・ブリュール、チュルパン・ハマートヴァ、カトリーン・ザース、フロリアン・ルーカス、マリア・ジーモン他
▶製作年等◎2003年、121分、カラー。2003年ドイツ映画賞（最優秀映画賞他8部門）、2003年ヨーロッパ映画賞（最優秀ヨーロッパ映画賞）他多数受賞

ストーリー

アレクサンダー（アレックス）は東ベルリンで、社会主義に入れ込む母、それに姉とともに暮らしている。1989年10月、民主化を求めるデモ隊と一緒に歩いていたアレックスは、警察に逮捕されてしまうが、偶然それを母が目撃し、彼女は心臓発作を起こして昏睡状態となる。その一ヶ月後、ベルリンの壁が崩壊する。アレックスや姉の生活が激変してゆくうちに、母は突然、意識を回復する。東ドイツが消滅してしまったことを母がもし知れば、ショックを受けて危険だと考えたアレックスは、家族や恋人ララ、隣人や友人を巻き込み、涙ぐましい努力によって、いまでも東ドイツが存続しているかのような生活を演出して見せる。そのうち母の話によって、愛人のために自分たちを見捨てて西ドイツに行ったと聞かされていた父が、実は別の理由からそうしたのだと知る。再び入院した母のためにアレックスは父を探し出してくるのだが、その間、看護婦をしているララは、アレックスの母に真実を告げる…

2019年7月12日発売
『グッバイ、レーニン！』
ブルーレイ：¥2,200（税込）
DVD：¥1,257（税込）
発売・販売元：ギャガ
©XFilme creative pool GmbH

Ich hab euch die ganze Zeit belogen. Es ist alles ganz anders, als ihr denkt.

◎　◎　◎

わたし、あなたたちにずっと嘘をついていたのよ。あなたたちが考えているのとは、なにもかも全然ちがうの。

セリフの背景　昔の思い出の詰まった郊外の庭付き山荘に、回復してきた母を「サプライズ」として連れてきたとき、母は突然このように告白する。みんなで他愛ない昔の思い出話をしながらも、アレックスやララは、この機会にこそ母に真実を話さなければならないと意識していた。アレックスは、これまで東ドイツが存続していると見せかけるために、涙ぐましい（そして笑いを誘う）努力によって嘘を積み重ねてきたのだが、ララに促されてまさに彼が言おうとした言葉を、まったく別の意味で母が先に口にしたことになるわけだ。「Euer Vater ist nicht wegen einer anderen Frau im Westen geblieben. お父さんは、他に女がいたから西に残ったんじゃない。Das war gelogen. それは嘘だったの。Und dass er sich nie mehr gemeldet hat, das war auch gelogen. それにそのあと何の連絡もしてこなかったというのも嘘。Er hat mir Briefe geschrieben. お父さんは私に手紙を書いていたの。Und euch auch. あなたたちにもね。Die liegen alle hinter dem Küchenschrank. 手紙は全部、台所の棚の後ろにあるわ。」アレックスはララとの最初のデートのとき、彼女と次のような会話を交わしていた。「Schade, dass sie von all das nichts mitbekommt. お母さん、こういうことが全然わからなくなってしまって残念ね。」「Naja, ist vielleicht auch besser so. まあ、そのほうがよかったのかもしれない。Alles, woran sie glaubte, hat sich in ein paar Monaten in Luft aufgelöst. Einfach so. 母の信じてたものは、二、三ヶ月のあいだに全部消え去ってしまったわけだからね。」「Und dein Vater? で、お父さんは？」「Der war Arzt. Er ist in den Westen abgehauen. 父は医者だったんだけど、西にばっくれたよ。Hat sich nie mehr gemeldet. そのあと全然連絡をよこさない。」この映画の中心となる軸はいうまでもなく、東ドイツが存続しているかのように母に演出して見せるアレックスの奮闘の物語だが、父親をめぐる「嘘」の物語の軸もまた、虚構の交錯するこの映画のもう一つの重要な要素である。

　母が再び危篤となったために、アレックスは複雑な気持ちながらも、発見した父からの手紙を頼りにヴァンゼー（高級な邸宅のある旧西ベルリンの地区）に住む父のもとに向かう。パーティー中の父の邸宅のなかで、アレックスが父の二人の幼い子どもたちと一緒に旧東独のテレビ番組であった砂の妖精（Sandmännchen）を見ているときに、父が部屋に入ってくる。「Entschuldigung, kennen wir uns? 失礼ですが、知り合いでしたでしょうか。」「Ja, wir kennen uns. ええ、知り合いです。」「Ja..., ich komm nicht darauf. Helfen Sie mir doch. そうですか…ちょっと思い出せないのですが、ヒントをもらえますか。」アレックスは喉まで出かかっている言葉が出せない。すでに名前を知っている男の子が何も知らずに言う。「Der heißt Alexander. この人、アレクサンダーだよ。」アレックスは父をじっと見つめ、父はここで突然了解する。「Alex? アレックスか？」父は新たな家庭をもち、このように立派な暮らしをしている。長い時間がたって、それぞれにまったく別の生活を営んできた二人がその現実を改めて認識する場面である。「Mein Gott, ich hab dich nicht mal erkannt. ああ、お前だとわかりもしなかった。」「Jetzt hab ich wohl zwei neue Geschwister, oder? どうも、いきなり兄弟が二人できたみたいだね。」そして、父に母が危篤であることを知らせるのだった。

Ein letztes Mal noch sollten wir den Geburts-tag unseres sozialistischen Vaterlandes feiern. Aber im Gegensatz zur Wirklichkeit als einen würdigen Abschied.

◎　◎　◎

これが最後ということで、われらが社会主義国家の誕生を祝うことにしなければならなかった。といっても、現実とは対照的に、威厳に満ちた別れの祝典として。

セリフの背景

　この映画は、いくつかの重要な箇所で、ヴォイスオーヴァー（V.O.）で語られるアレックスのナレーションによって物語が導かれていく。つまり、全体としてはいわば三人称的な語りによって物語が描き出されていくように見えながらも、同時に主人公であるアレックスの一人称の視点が物語の枠組みを構成している。実はこのトリックが、映画のなかで描き出される「嘘」と真実の愛情豊かな交錯を可能にしている。上に引用したのは、ホーネッカー書記長の退陣と壁の開放のニュースをでっちあげる、この映画の最後の山場の前にアレックスが語るナレーションである。このクライマックスの直前のシーンで、父が母と病室で再会する前に、ララは母に真実を告げている。「Es gibt nicht mehr... もうなくなったのよ。」「Das kann... そんなはずは…」「Nein, das ist nicht so schlimm. Es ist einfach alles ein Land. いいえ、そんな悪いことじゃないの。ただ一つの国になったというだけのことだから。」このシーンでは、三人称的な視点によっていわば観客だけに知らされた事実が語られていることになる。アレックスは、真実を知っている自分が、母に対する愛情から「嘘」をつきとおしてい

ると信じている。しかし今や、その思い込みが今度は母とララの「嘘」のなかに取り込まれるという構図が出来上がる。一人称的な視点による語りがしばしば真実の吐露という性格をもつという「語り」の特質が、ここではいわば逆手に取られている。

　最後の大きな「嘘」のために、アレックスは、かつての英雄であった、宇宙飛行士のS.イェーン（いまはタクシー運転手）を起用する。アレックスが親友のデニスとともに作り上げたニュース番組のなかで、イェーンは退陣したホーネッカーの後任者ということにされ、立派な演説を披露する。友人とともに苦労して作り上げたこの虚構のニュース番組を母に見せている場面での、登場人物の視線の流れの描き方は秀逸である。この「傑作」を母に見せているアレックスには誇らしい気持ちがあふれている。ララは母がすでに真実を知っていることを踏まえたうえで、そんなアレックスの気持ちを温かく見守っている。そして、母はこの虚構を（そしておそらく今までの虚構についても）すべて理解したうえで、やさしくアレックスを見つめる。「Wahnsinn. すごいわ」という母の言葉は、表向きは世紀の大事件を体験した言葉であるように（アレックスには）思われる。しかし、この言葉にいたる視線の流れから、アレックスがこのものすごい虚構を作り出したことに対する称賛の言葉ともなっている、という二重の意味を観客は知るのである。愛情によって作り出された虚構、そしてそういった虚構のなかの真の愛情が、この映画に力を与え、愛すべきものとしている。

　母が亡くなった後も、V.O.で語るアレックスは真実を知らない。「Ich glaube, es war schon richtig, dass sie die Wahrheit nie erfahren hat. 母が真実を知ることは決してなかったというのは、正しかったと思っている。Sie ist glücklich gestorben. 彼女は幸せに亡くなったのだ。」彼女は幸せに亡くなった。そしてアレックスは決して真実を知ることはない。

『グッバイ、レーニン！』について

　1990年代後半以降の新しいドイツ映画の波のなかで、旧東ドイツを題材とする映画はあたかも一つのテーマ圏を形成しているかのように際立った存在となっている。もちろん、「善き人のためのソナタ」のようにきわめてシリアスな映画と、「グッバイ、レーニン」や「太陽通り（*Sonnenallee*）」（ドイツでは大ヒットとなったが、残念ながら日本版のDVDはない。小説は翻訳されている）のようなコミカルな作品を一緒にするわけにはいかないが、統一後、10年ほど過ぎたドイツにとって、東ドイツという歴史的事実がさまざまな局面において大きな意味をもち続けていることの証左でもあるだろう。

　この映画では、いったん西側の物や生活様式が流入してきた東の世界において、かつての東の生活を無理やり作り出し演出して見せるという虚構が枠組みとなっているために、西との対比において旧東独の風物がことさらにコミカルに浮かび上がる仕組みになっている。それが笑いと共感を誘うためには、フィクションのなかでもなお、実際の姿が描き出されていなくてはならない。この映画では、旧東独のきゅうりのピクルスやコーヒー、旧東独の自動車トラバント、ピオニール団の衣装や歌といった顕著な仕掛けだけでなく、いたるところで東独を感じさせる小道具を目にすることができる。それとともに、例えば実在の宇宙飛行士イェーンも物語のなかに組み込みつつ、虚構の世界がうまく作り上げられている。

　東ドイツに関係するわけではないが、この映画には過去の偉大な映画作品のオマージュ（というかパロディ）が満ち溢れている。映画好きにはすぐにピンとくるだろうが、キューブリックの「2001年宇宙の旅」や「時計仕掛けのオレンジ」、フェリーニの「甘い生活」など、ニヤリとさせる場面も楽しい。

グッバイ、レーニン！

㉑ 愛より強く
Gegen die Wand

ファティ・アキン監督

▶**脚本**◎ファティ・アキン
▶**撮影**◎ライナー・クラウスマン
▶**編集**◎アンドリュー・バード
▶**出演**◎ビロル・ユーネル、シベル・ケキリ、カトリン・シュトリーベック、メルテム・クンブル他
▶**製作年等**◎2004 年、121 分、カラー。2004 年ベルリン国際映画祭金熊賞、ドイツ映画賞（5 部門）金賞、2004 年ヨーロッパ映画賞最優秀映画賞他多数受賞

ストーリー

　ハンブルクに住む40代のトルコ系ドイツ人ジャイトは、妻に先立たれ、自暴自棄の生活を送っている。ある日、車で自ら壁に激突し、病院に送られる。そこで、同じく自殺未遂を図った若いトルコ系ドイツ人女性シベルから突然、結婚を申し込まれる。伝統的なトルコ人の家族から逃れ、自由に生きるために偽装結婚をもちかけたのだった。最初は拒絶したジャイトだったが結局それを受け入れ、トルコ的な結婚式の後、奇妙な共同生活が始まる。シベルは新婚の夜から次々にいろいろな男と寝る奔放な生活をする一方、ジャイトはガールフレンドと今までどおり会う。しかし、そのうち二人はそれぞれお互いへの愛に気づく。だが、シベルがかつて寝たジャイトの友人になじられ、ジャイトはその友人を殴り殺してしまう。シベルは、ジャイトが服役している間彼を待っていると言い残し、いとこセルマのいるイスタンブールへ旅立つ。最初はまじめに働くシベルだったが、次第に彼女の生活は荒んだものになってゆく…

Ich will leben, Cahit. Ich will leben, ich will tanzen, ich will ficken! Und nicht nur mit einem Typen. Verstehst du!?

◎　◎　◎

私は生きたいの、ジャイト。私は生きたいの、私は踊りたいの、私はセックスしたいの。しかも一人の男だけじゃなくて。わかる？

セリフの背景

　　　二人が出会って間もない頃、「Warum willst du sterben? なぜ死のうとしたんだ」というジャイトの問いに対して、シベルが自分の切実な気持ちを伝えようとする言葉だ。この言葉の前に、シベルはジャイトに対して自分の乳房を挑発的に誇示する。こういった奔放さとこの言葉に見られるような強い欲求は、この映画では繰り返しシベルの強烈なキャラクターとして表れる。しかし、それはただ単にシベルという女性に特有の個性であるというだけではなく、ドイツで暮らすトルコ人家族の伝統的文化と現代ドイツ社会との文化的葛藤のなかで浮き彫りにされる状況を表すものでもある。ジャイトが誤って人を殺した後、事件を伝える新聞記事によってシベルの奔放な生活も家族の知るところとなるが、シベルの兄は、家族の名誉のため、シベルを殺そうとさえするのだ（実際に同様の事件がドイツで起こっている）。

　先のやりとりに続く場面で、シベルは再び、「Heiratest du mich jetzt, Cahit? 結婚してくれる？」と聞く。「Vergiß es. 忘れろ」というジャイトの言葉を聞いた直後、シベルは手もとにあったビール瓶を叩き割るとその破片で手首をかき切り、鮮血が吹き出す。直接的には、伝統的なトルコ文化にしたがって、シベルにとっては息の詰まるような生活を強いられているなかで、「生きたい」という欲求を否定された

ことに対するリアクションである。それにしてもこの映画の映像は、ともかく激しい。暴力的な映像、性的な描写が、かなり直截な表現によって提示される。しかし、偽装結婚という虚偽につつまれ、互いに放縦な生活をするという極端な状況がそのような激しい映像で描かれるからこそ、ほんとうの愛の現れる瞬間が際立つことになるのだ。

ある出来事によって二人の気持ちが近づき、初めてシベルの寝室で愛撫しあったとき、これから結ばれるという瞬間に、シベルは「Hör auf! Hör auf! Hör Auf! Ich kann nicht. Ich kann's nicht! やめて、やめて、やめて。できない、できないの」と言ってジャイトを押しとどめる。「Wenn wir es tun, dann bin ich deine Frau, und du bist mein Mann, verstehst du? もし私たちがしたら、私はあなたの奥さんになるし、あなたは私の夫になってしまう。わかる？」このある種異常な場面は、そのような愛の現れる瞬間である。

こういった奇妙な関係がいわば散文的でわかりやすい言葉によって描かれるのが、ジャイトのガールフレンドの美容師マーレンと、そこで働くことになったシベルとの会話の場面である。「Was für 'ne komische Beziehung habt ihr eigentlich? あんたたち、なんてヘンな関係なの。」「Er ist mein Mann, und ich bin seine Frau. 彼は私のダンナで、私はあの人の奥さんよ。」「Liebt ihr euch? あんたたち愛し合ってるの？」「Du würdest es nicht verstehen. あなたにはわからないでしょうけどね。」「Ja, wahrscheinlich bin ich zu doof dafür. そうね、たぶん私はバカすぎてわかんないよね。」「Ich verstehe es ja selber nicht. 私だって自分でもわからないのよ。」「Cahit und ich ... wir ficken manchmal. ジャイトと私は…ときどきヤッてるのよ。」シベルはここで目をむいて出て行くのだが、この映画ではこういった痛々しい愛のかたちが積み重ねられていく。

Wenn ich es nicht tue, bereue ich es vielleicht irgendwann. Und wenn ich's tue, dann bereue ich es vielleicht auch.

◎　◎　◎

そうしなければ、いつか後悔することになるだろうし、そうすればそうしたで、やっぱり後悔することになると思う。

セリフの背景　シベルは、収監されたジャイトのところに面会に行く。「Ich werde nach Istanbul gehen. Zu Selma. Neu anfangen, weißt du. 私、イスタンブールに行く。セルマのところに。新しく始めるの。」何も言わないジャイトにシベルは続ける。「Ich werde auf dich warten, Cahit. ジャイト、私、あなたを待ってるから。」「Wieso willst du auf mich warten? なんでおれを待とうなんて思うんだ？」「Weil ich dich liebe, Mann! だって、あなたを愛してるからよ！」ここでも異常なかたちでの愛の言葉が際立つ。ジャイトにはほとんどこの言葉が信じられないほどだ。「Das hat mir seit sehr langer Zeit niemand mehr gesagt. もうほんとうに長いこと、誰もそんな言葉をおれに言ってくれてなかったな。」

　映画の後半の物語はイスタンブールで展開する。シベルは危うく殺されかけたところを親切なタクシー運転手に救われ、その男性といまは幸せな家庭を築いている。彼女にはかわいい小さな娘もいる。刑期を終えて出所したジャイトは、シベルを探してイスタンブールに向かい、最終的にはシベルと出会う。ジャイトのホテルで、二人は初めて（！）結ばれることになる。そしてジャイトは、いまではイスタンブールに家庭をもっているシベルに自分と一緒に行こうと誘う。「Wir gehen in den Süden. Wo es warm ist. Wir können Kinder haben, frei sein. Uns lieben. おれたち、南に行こう。あったかいところにな。子どもだってもつことができるし、自由になれるよ。そして愛し合える。」「Wie stellst du dir das denn vor, Mann?! Ich hab ein Kind! なんでそんなこと考えられるわけ？ だって、私には子どもがいるのよ！」「Nimm es mit. Ich werde ein guter Vater sein, ich ver-sprech's dir. 一緒に連れてこいよ。いい父親になるよ。約束する。」「Das geht nicht. できないよ。」「Warum nicht? どうして？」このあとも、ベッドをともにしたあと、ホテルの部屋のなかで裸で向かい合いながらシベルが口にするのがはじめにあげた引用である。Wenn ich es nicht tue「そうしなければ」というのは、つまり、ジャイトと一緒に別の土地（ジャイトの故郷メルシン）に行かなければ、ということだ。「Was soll ich tun? どうすればいいの？」「Komm einfach mit. とにかく、一緒に来い。」「Wie? どういうふうにするの？」「Wir treffen uns morgen am Busbahnhof und fahren von dort aus nach Mersin. Du, deine Tochter und ich. 明日、バス乗り場で落ち合う。そこからメルシン行きのバスに乗るんだ。お前と娘とおれとでね。」シベルは窓の外を見ながらつぶやく。「Mersin soll schön sein. メルシンはきれいなところなんだってね。」このあと二人がどうなるかは、ここではふれないことにしよう。

　イスタンブールの場面では、当然ながら、ハンブルクを舞台とする前半以上にかなりの部分がトルコ語になる。シベルを探してイスタンブールにやってきたジャイトが、シベルのいとこで彼女の世話をしているセルマに会って、シベルに会わせてほしいと説得するシーンでは、ジャイトの言葉が強い力をもって描かれる。ここはトルコ語でうまく思いを表現できなくなったジャイトが、途中から英語で語り始めるのだが、それも言葉の力が光る場面である。

『愛より強く』について

　この映画は2004年、ベルリン映画祭でドイツ映画としては久しぶりに金熊賞をとることになった作品としても話題になった。しかも、監督はトルコ人移民の二世である。

　ドイツでは第二次世界大戦後、労働力確保のためにきわめて多くの外国人労働者に頼ってきたが、なかでもトルコ人は最も数が多い。現代ドイツ社会は、もはやトルコ人を抜きにして語ることはできない。なかでもベルリンやハンブルクといった大都市には、トルコ人がおもに居住する街区があり、独特な文化的空間をドイツのなかに作り上げている。そこには当然ながら、トルコ文化とドイツ文化との間の葛藤も生じることになるが、それとともに、最初の移民世代の伝統的なトルコ文化と、ドイツのなかで生まれ育った二世、三世の混合的な文化との間の葛藤もきわめて大きな問題となる。この映画は、まさにそういった問題を浮き彫りにするとともに、現代のドイツのさまざまな若者たちの生きざまをありありと見せてくれる。この映画はアキン監督が構想する三部作の第一作にあたる。その第二作は2007年に公開された「そして、私たちは愛に帰る」、そして第三作が「消えた声が、その名を呼ぶ」（2014年）である。

　ドイツ語のタイトル *Gegen die Wand* は「壁に向かって」を意味する。実際、映画の冒頭で主人公のジャイトが車で壁に激突して自殺をはかったあと、医者に「Warum fahren Sie gegen eine Wand? なぜ壁に激突するんだ？」と言われるが、それ以外に、この映画で直接的に「壁」を表すものはない。しかし、ジャイトそしてシベルが必死に生きていくときに立ちはだかっていたのは、まさしく「壁」なのだということをわれわれはこの映画から感じとるのではないだろうか。

21

愛より強く

22 ヒトラー ～最期の12日間～
Der Untergang
オリヴァー・ヒルシュビーゲル監督

▶**脚本**◎ベルント・アイヒンガー
▶**撮影**◎ライナー・クラウスマン
▶**編集**◎ハンス・フンク
▶**音楽**◎シュテファン・ツァハリアス
▶**出演**◎ブルーノ・ガンツ、アレクサンドラ・マリア・ララ、ウルリヒ・マッテス、ユリアーネ・ケーラー他
▶**製作年等**◎2004年、150分、カラー。2004年バイエルン映画賞（製作者賞、最優秀男優賞）受賞、2005年アカデミー外国語映画賞ノミネート

ストーリー

　1942年11月、22歳のトラウドルは、ヒトラーの面接を受けたのち、彼の秘書となる。2年半後の1945年4月20日、総統ヒトラーの誕生日に、ベルリンはロシア軍の侵攻によって、地上からの砲撃にさらされていた。部下から危機的状況の報告を受けながらも、ヒトラーはそれをまったく理解していないかのような現実離れした戦略を指示する。何人かの主要な部下たちは、そういったヒトラーに対して、秘かにより現実的な方策を模索し始める。ヒトラーがかつて自分の後継者に指名していた国家元帥のゲーリングは、自分への国家の指揮権移譲を告げる電報を送る。また、ヒトラーと親しかった建築家・軍需大臣シュペーアも彼のもとを離れる。さらにヒトラーが最も信頼を置いていた親衛隊（SS）最高指導者・警察長官のヒムラーが、アメリカとの和平交渉を独断で行ったとの報告を受け激怒する。秘書のトラウドルは、そのようなヒトラーの間近で、公私にわたる彼の言動を体験することになる…

2020年9月2日発売
『ヒトラー ～最期の12日間～』
ブルーレイ：2,200（税込）
発売・販売元：ギャガ
© X Filme creative pool GmbH

Wenn er privat ist... er kann so fürsorglich sein...
und dann wieder... sagt er so brutale Sachen.

◎　◎　◎

　プライベートなときは…あんなに思いやりがあるこ
ともあるのに…そうかと思うと…あんなに乱暴なこと
を言うのですよね。

セリフの背景

　この映画は、おもに秘書のトラウドル・ユンゲの視
点に寄り添うかたちで描かれている（その他、軍医の
シェンクや少年ペーターに焦点が当てられたシーンも
重要な軸をなしており、それらは結末で収束していく）。
自殺の前々日にヒトラーの配偶者となったエーファは、間近に迫った
死を覚悟しながらトラウドルに、ヒトラーと知り合って15年たっても
彼のことをほんとうはまだよくわかっていないのだと親しく語りかけ
る。トラウドルは、「Manchmal glaub ich, dass er niemanden in
sich reinschauen lassen will. 総統は誰にも内面をのぞかせようとは
なさらないのではないかとときどき思うんです」と言いながら、上の
引用のように言葉を続ける。この映画では、こういったヒトラーの二
つの側面が繰り返し表れる。正気を失ったかのように、現実の状況を
受け入れようとせず、口汚く部下たちを罵るヒトラーが描かれる一方
で、トラウドルのまなざしによってとらえられるヒトラーの姿は、若
い女性秘書や愛人エーファに対する優しい思いやりに満ちたものでも
ある。トラウドルにとって、総統に対する敬意の念はきわめて強い。
だから、エーファの義理の兄にあたるフェーゲラインが現実を客観的
にとらえてすぐさま地下壕を去るよう勧めても、「Aber der Führer
ist so zuversichtlich, dass er die Lage meistern kann. でも総統は
この状況を克服できると確信しておられます」と総統への信頼の念を

ヒトラー　～最期の12日間～

崩さない。敗北を口にしたヒトラーが、秘書たちに地下壕を去るよう指示しても、彼のもとにとどまると公言したエーファに続いて、トラウドルも「Mein Führer, ich bleibe auch. 総統、私も残ります」と思わず口にしてしまう。ヒトラーが地下壕にある彼の居室でエーファや秘書たちに自殺の方法を話し、彼女たちに毒薬のカプセルを手渡すとき、彼は「Es tut mir sehr leid, dass ich Ihnen kein schöneres Geschenk machen kann. こんなプレゼントしかできなくて申し訳ない」と口にする。そのようなヒトラーの姿は、人間的な情愛を感じさせるものでもある。

　このことはゲッベルスにもあてはまる。彼は、常軌を逸したヒトラーの言葉を耳にしても、最後の最後まで忠誠を保ちつづけた人物として描かれている。部下が無為に命を失っている状況を指摘された際に、「Ich kann da kein Mitgefühl empfinden. 私には思いやりの気持ちを感じることなどできない」と冷たく言い放つ。その一方で、夫としてまた父親として描かれるときには（特に六人の幼い子どもたちの殺害というショッキングな場面で）控えめながらも愛情や苦悩を垣間見せる。とりわけ、トラウドルが総統の政治的遺書をタイプ清書しているときに自分の遺書をタイプしてほしいとやってきた際には、ゲッベルスは感情をあらわにして自分の気持ちを吐露する。「Frau Junge, der Führer will, dass ich Berlin verlasse... ユンゲさん、総統は私にベルリンを去れというんですよ… Ich habe noch nie einem Befehl des Führers zuwidergehandelt... nie! ... 私は総統の命令に背いたことは一度もありません。aber diesen Befehl werde ich nicht befolgen. でも、この命令に従うわけにはいきません。Ich bleibe an der Seite des Führers. 私は総統のおそばにとどまります。」事実をたどりながらも、このようにきわめて個人的な感情の表出を丹念に表現しようとすることが、この映画の重要な特質の一つといえるだろう。

Ich käme mir vor wie ein Lama-Priester, der eine leere Gebetsmühle betätigt. Ich muss hier in Berlin eine Entscheidung herbeiführen... oder untergehen.

◎　◎　◎

　自分が、空の転経器を回すラマ教の僧のような気がする。私はこのベルリンで決戦に持ち込まなければならない…さもなければ、破滅するかだ。

22

セリフの背景

　ヒトラーの誕生日、官邸までロシア軍に砲撃されるなか、何人かの部下たちからベルリンを脱出するように勧められるが、ヒトラーはあくまでもベルリンにとどまることに固執する。トラウドルも「Bitte, Sie müssen raus aus Berlin, das sagt doch jeder. どうか、是非ともベルリンを出てください。みんなそう言っています」と説得するのだが、ヒトラーは、それはできないと言った後、上の引用のように続ける。チベット仏教では、祈禱の際にマントラが刻まれた経文の納められた円筒（転経器）を手で回すが、ここではその行為が、いくら指示を出しても実際的な効力を伴わない無益な行為の比喩として語られている。ヒトラーはここでuntergehen（破滅する）という言葉を口にしているが、これは当然ながらこの映画の原題 *Der Untergang*（破滅・没落）という言葉にそのまま結びつく。この映画はヒトラー自身の「破滅」を描くとともに、そこにはヒトラーのいくつかの言葉が暗示するように、ドイツ国民全体の「破滅」が重ね合わされているといえるかもしれない。

　この映画は、ヒトラーの人間的側面を描き出すとともに、絶望的な戦局のなかでも、妄想に取りつかれたヒトラーの奇妙な姿を映し出す。

しかしその常軌を逸した言動も、彼が人間的に描かれるからこそ、さらに力を得た表現になっている。数々の党建築を手がけた建築家シュペーアは、ヒトラーから絶大な信頼を寄せられていた（映画ではシュペーアの「世界首都ゲルマニア」の模型を前にして彼に語りかけるシーンがある）。軍事的戦略しか念頭にないヒトラーはシュペーアに、ロシア軍が侵攻してきても、廃墟となった街しかない（Wohin immer der Feind vordringt – er soll nur noch eine Wüste finden）といきまく。ベルリンの民間人のことを考えるシュペーアは、「Das ist da Todesurteil für das deutsche Volk. (...) Mit diesem Befehl rauben Sie dem Volk jegliche Überlebenschance. それはドイツ国民にとっては死刑判決です。［…］この命令によって国民からすべての生き残りのチャンスを奪うことになります」と意見を述べる。それに対してヒトラーは「Wenn der Krieg verloren geht, ist es vollkommen wurscht, wenn auch das Volk verlorengeht... 敗戦となれば、たとえ国民がどうなろうとどうでもよいことだ。Es ist nicht notwendig, auf die Grundlagen, die das deutsche Volk zu seinem primitiven Weiterleben braucht, Rücksicht zu nehmen. ドイツ国民が原始的な暮らしで生き延びるために必要な生活基盤のことを考えてやる必要はない。Im Gegenteil. Es ist besser, diese Dinge selbst zu zerstören. むしろ反対だ。そういったものを破壊する方がよいのだ。Denn das Volk hat sich als das schwächere erwiesen, und es ist nur ein Naturgesetz, dass es dann eben ausgerottet wird. なぜならドイツ国民が弱い国民だったことが証明されることになるからだ。だとすれば根絶されるのが自然法則だ。」数日後、総統地下壕のヒトラーに別れを告げに来たシュペーアは、実は自分が総統の命令を実行していなかったことを打ち明けるが、この親友の離反に対するヒトラーの感情表現は繊細に描かれている。ここではこの映画で唯一、ヒトラーの静かな涙が映し出される。

　この映画は、1942年11月からヒトラーが自殺する1945年4月30日まで彼の秘書を務めたトラウドル・ユンゲの記録（邦訳：『私はヒトラーの秘書だった』）と、ジャーナリスト・歴史家のヨアヒム・フェストの著作 *Der Untergang. Hitler und das Ende des Dritten Reiches.*（邦訳：『ヒトラー　最期の12日間』）をおもな素材としている。この映画に見られる総統地下壕内での主要な会話の多くは、これらの著作にもとづいている。とはいえ、この映画を一つの歴史ドキュメンタリーであるかのように見ることは避けるべきだろう。この映画は国内外で賛否両論のさまざまな論議を引き起こすことになったが、トラウドル・ユンゲという一個人の視点から描かれた映像が、歴史的事実であるかのように見えることに対する懸念も批判の論点の一つとなっている。それ以上にこの映画は、あくまでも脚本家ベルント・アイヒンガーが、さまざまな人物の表現を組み立てあげた「物語」である。軍医シェンクや少年ペーターの一連の行動の描写に見られる虚構性だけでなく、「記録」にもとづいた言葉やしぐさのすべてに、ある特定の解釈の方向性を生み出す演出がある。とはいえ、物語映画として見るとき、この映画はヒトラーを悪魔的存在として表現するステレオタイプから脱し、ナチズムの中心部にいた登場人物たちそれぞれの人間的側面を丹念に描き出そうとしているという点で、ナチスを描いた数多くの作品のなかでも画期的な位置を占めるものであることに間違いはないだろう。また、ヒトラーを演じる大俳優ブルーノ・ガンツのあまりにも見事な演技にはただ感服するしかない。

　映画の原題 *Der Untergang* は、フェストの著作の表題をそのまま用いている。この著作には「破滅への意思（Der Wille zum Untergang）」というニーチェを模した章がある。ニーチェを曲解して自らの思想としたヒトラーの姿が、この Untergang という言葉に集約されているといえるだろう。

㉓ ベルリン、僕らの革命
Die fetten Jahre sind vorbei

ハンス・ヴァインガルトナー監督

▶**脚本**◎カタリーナ・ヘルト
▶**撮影**◎ダニエラ・クナップ他
▶**編集**◎ディルク・エーテルスホーフェン、アンドレアス・ヴォトラシュケ
▶**音楽**◎アンドレアス・ヴォトラシュケ
▶**出演**◎ダニエル・ブリュール、ユリア・イェンチュ、スティペ・エルツェグ、ブルク
　ハルト・クラウスナー他
▶**製作年等**◎2004年、124分、カラー。2004年カンヌ国際映画祭コンペティショ
　ン部門正式出品、2004年ドイツ映画賞（最優秀映画賞銀賞他）受賞

ストーリー　現代のベルリン。ヤンと親友のペーターは、風変わりな革命的実践を行っていた。金持ちの留守の豪邸に侵入するが、何も盗まず、家具や贅沢品をでたらめに並べ替えて、「Die fetten Jahre sind vorbei 贅沢な暮しは終わりだ」などのメッセージを残すのだ。ある日、ヤンはペーターの恋人ユーレが金持ちのベンツに車をぶつけたために途方もない借金を負っていることを知る。ヤンたちが夜に何をしているか知ったユーレは、その金持ちの家にヤンと二人で侵入するが、翌日忘れ物を取りに戻ったところ、当人と鉢合わせしてしまう。二人は呼び寄せたペーターとともに、結局この金持ちを誘拐して山小屋にこもり、そこで四人の奇妙な生活が始まった。山小屋でヤン、ペーター、ユーレは社会システムやこの金持ちの生き方を批判するが、論争の過程でこの男がかつて学生運動に深く関わっていたことを知る。しかし、ヤンとユーレが惹かれあっていることをペーターは知り、この奇妙な生活も終わりを告げる…

Aber wer sagt das? Die Bullen, die Staatsanwäl-
te, die Bild-Zeitung? Das ist die kleinbürgerliche
Scheißmoral.

◎　◎　◎

　誰がそんなことを言ってるんだ？　おまわりか？　検
察官か？「ビルト」紙か？　そんなもの、小市民のくそ
モラルだ。

セリフの背景　この映画は、若い「革命家」たちの純粋な思いに支
えられた突飛でスリリングな行動、それに彼らの愛情
と友情の描写によって、魅力的な作品になっている。
しかし、それらを理解するためには、彼らの信念がど
のような考え方や歴史的背景と関わっているかを知っておく必要があ
る。
　映画の冒頭で、第三世界を搾取する資本主義的構造への批判的活動
にユーレも加わっていることが描かれる。そのユーレ自身、ウェイト
レスとして金持ちの世界の不愉快さを痛感し、また金持ちのベンツを
弁償するために働いている。それを不快に思いながらも、仕方ないこ
ととして受け止めようとするユーレに対して、ヤンが向けるのが上に
引用した言葉だ。「小市民」という言葉は、ここではもちろん左派の若
者たちによる市民社会批判の表現として用いられている。彼らの言葉
には、1968年世代に特有の語彙や思考がちりばめられている。ちなみ
に、「Bild ビルト」とはドイツで最も発行部数の多い、扇動的な大衆
ゴシップ新聞だが、学生運動の時代には、大資本とつながりをもち、
学生運動を攻撃するビルト紙と学生たちとの間には、強烈な敵対関係
があった。ヤンはさらに次のように吐き捨てる。「Anstand, Ehrlich-
keit, Familiensinn. 礼儀、誠実、家族の大切さ。Musst pünktlich

zur Arbeit gehen, musst deine Steuern bezahlen, darfst im Supermarkt nichts klauen. 仕事には時間厳守で行け、税金をきちんと払え、スーパーで万引きするな。」市民的な感覚からすれば、当たり前のように聞こえる。だが、彼らにとってこのような市民の「モラル」が、ユーレが口にしていたように「wild und frei leben ワイルドで自由に生きる」ことを不可能にしていたということだ。

　しかし、ヤン自身、自分たちの時代はかつての学生運動の時代とは違うことを痛感している。「Das Rebellieren ist schwieriger geworden. 反抗することは難しくなってる。Früher brauchtest du nur zu kiffen und lange Haare zu haben, und das Establishment war automatisch gegen dich. 昔は麻薬を吸って長髪をしていれば、体制のほうで自動的に敵対してくれた。Und was früher subversiv war, kannst du heute im Laden kaufen. 昔は社会転覆に関わっていたものが、いまでは店で売ってるからな。Che-Guevara-T-Shirts, Anarcho-Sticker. チェ・ゲヴァラのTシャツとか、アナーキストのステッカーとか。」ユーレも同感する。「Ja, genau, und deswegen gibt es auch überhaupt gar keine Jugendbewegung mehr. そのとおり、だからもう学生運動なんて全然なくなってる。」しかし、そういった状況でもヤンは自分たちの活動に意味を見出している。過去の革命には個々の点で失敗はあるにせよ、「...aber das Wichtigste ist, dass die besten Ideen überlebt haben. だけど一番大切なのは、最も優れた理念は生き残ってきたってことだ。Genauso ist das bei den privaten Revolten auch. それは個人の行う反乱でもまったく同じだよ。」この言葉は映画の最後で生きてくる。「Wir drei, verdammt noch mal. Das ist wichtiger als 'ne Spießermoral. いいか、おれたち三人ていうのは、小市民のモラルなんかより大切なんだぞ」とヤンを力づけるペーターの言葉に、ユーレは「Die besten Ideen überleben. 最も優れた理念は生き残る」とコメントする。それは革命的理念の要ではないにせよ、この映画が描き出そうとした最も大切なものだろう。

Ich find es nicht richtig, was ihr macht und wie ihr es macht, aber eure Argumente, die erinnern schon sehr an damals.

◎　◎　◎

　君たちがやってることや君たちのやり方は、正しいと思わない。でも、君たちの主張の仕方は、当時をほんとうに思い出させるね。

セリフの背景

　山小屋でヤンたちと金持ちの男ハルデンベルクが交わす論争・会話は、この映画のなかで決定的に重要だ。当初は、ブルジョワに対する左派の攻撃という単純な構図でハルデンベルクがつるしあげられる。莫大な報酬を得ていることを非難されたハルデンベルクは、「Wir leben in einer Demokratie. われわれは民主主義のなかで暮らしている。Ich muss mich nicht dafür rechtfertigen, daß ich Dinge besitze, für die ich bezahlt hab. 自分が払ったものを所有していることを正当化しなければいけないいわれなどない」と主張する。それに対してヤンは、「Falsch. それは間違いだ。Wir leben in einer Diktatur des Kapitals. ぼくらは資本の独裁のなかで暮らしているんだ。 Alles, was du besitzt, hast du gestohlen. お前が所有しているものは全部、お前が盗んだものだ」と反論する。「盗んだ」という過激な表現は、資本家が労働者から搾取しているという思考に基づいている。ユーレにとっては、映画の冒頭でも見てとれるように、このことはとりわけ先進国の資本による「第三世界」の搾取の問題に帰着する。裕福な先進国の資本が第三世界の負債を肩代わりすべきだというユーレに、ハルデンベルクは「Weil dann das Finanzsystem der ganzen Welt zusammenbrechen würde. そんなことをしたら、全世界の経済システ

ムが崩壊してしまうよ」と答えるが、ユーレはそれを即座に切り捨てる。「Weil ihr sie arm halten wollt! 彼らを貧しいままにしておきたいからよ！ Das ist der einzige Grund. 理由はそれしかない。Nur so könnt ihr sie kontrollieren. そうすることでのみ彼らをコントロールできる。Nur so könnt ihr sie zwingen, die Rohstoffe zu absoluten Spottpreisen abzudrücken. そうすることでのみ、原材料をバカみたいな値段に無理やりさせることができるのよ。」

　しかし、その晩、ハルデンベルクがかつて学生運動の時代に左派の闘士だったことがわかる（引用も参照）。「68 war 'ne wilde Zeit. 68 年というのは荒れ狂った時代だった。Hatte so 'n Lockenkopf, abgewetzte Lederjacke, Schlaghosen ... 巻き毛の長髪、擦り切れた皮ジャケットにベルボトム… 'ne Zeitlang war ich sogar im Vorstand vom SDS, Rudi Dutschke war 'n guter Freund von mir. しばらくはSDS（社会主義ドイツ学生同盟）の幹部にも加わっていたことがある。ルディ・ドゥチュケは私の親友だったんだよ。」ハルデンベルクが学生運動に関わっていたのみならず、SDSのカリスマ的リーダー、ドゥチュケの友人だったと聞いてヤンたちは驚愕する。「Euer Idealismus, vor dem habe ich Respekt. 君たちの掲げる理想には敬意を抱いている」というハルデンベルクの言葉はおそらく本当だろう。翌日ヤンはハルデンベルクに、「Wie kann eigentlich jemand wie du mit so 'ner Vergangenheit heute so leben? あんたのような過去をもつ人間が、なんで今はこんな生き方ができるんだ？ Hattest doch mal Ideale und so. 昔は理想とかあったんだろう？」と詰め寄るが、彼らの関係は次第に近いものに変化してゆく。だが、「... und dann ertappst du dich, dass du in der Wahlkabine stehst und für die CDU das Kreuz machst. ふと気づくと、投票所にいてCDU（保守政党）に印をつけているわけだ」というハルデンベルクの現在の姿は、最終的には変わらなかった。「MANCHE MENSCHEN ÄNDERN SICH NIE. 決して変わらない人もいる。」

『ベルリン、僕らの革命』について

　1968年の学生反乱は、戦後のドイツ史のなかで決定的な転換点をなす出来事である。この映画はもちろん1968年を直接的な題材としているわけではないが、ハルデンベルクや主人公たちの言葉や行動を理解するためには、そういった知識がある程度は必要だろう。同時代の他の学生運動と同様に、ドイツでの学生反乱の闘争の基本的対象は、既存の社会・経済体制やイデオロギー、そこに見られる権威主義である（ドイツでは、戦後、ナチズムから民主主義に豹変した父親の世代への批判が加わる）。その学生たちの組織がSDSだった。彼らはマルクス主義に依拠し、一方では労働者と連帯して資本主義的経済システムを批判するとともに、他方では第三世界の解放という問題に取り組もうとした。この映画ではそれらの残響を、前者についてはヤンのうちに、後者についてはユーレのうちに見てとることができる。とはいえ、ヤンやペーターが行ってきたような抵抗運動は、体制そのものに立ち向かうというよりも、彼らがBonzeという蔑称で言い表しているような、個々の経済界の「ボス」に向けられたゲリラ的（しかも愉快犯的にも見える）活動であるという点でかつての学生運動とは大きく異なる。この新しさ・突飛さがこの映画に魅力を与えているのだが、そのヤンたちにとっても「68年」という言葉は一種のカルト的な輝きを放っていることがわかる（SDSの幹部の名前を問うヤンは、自分がまだ生まれていない時代の学生運動に関する詳細な知識をもっている）。ちなみに、ハルデンベルクが68年世代の「freie Liebe 自由恋愛」に言及することが、物語の展開に一つの転換点を与えている。この「自由恋愛」も、「一夫一婦制」に基づいた「結婚」という市民的価値観・制度の破壊を意識していたという点で、この世代を特徴づけている。しかし、主人公たちはその点ではかつての時代とは異なる。むしろその違いを浮かび上がらせているのがこの映画である。

147

㉔ 白バラの祈り
ゾフィー・ショル、最期の日々
Sophie Scholl – Die letzten Tage

マルク・ローテムント監督

▶**脚本**◎フレート・ブライナースドルファー
▶**撮影**◎マルティン・ランガー
▶**編集**◎ハンス・フンク
▶**音楽**◎ラインホルト・ハイル他
▶**出演**◎ユリア・イェンチュ、ファビアン・ヒンリヒス、アレクサンダー・ヘルト他
▶**製作年等**◎2005年、120分、カラー。2005年ベルリン国際映画祭銀熊賞（最優秀監督賞、最優秀女優賞）、2005年ヨーロッパ映画賞（最優秀女優賞他）受賞

ストーリー　1943年2月、ミュンヘン大学で学ぶ21歳の学生ゾフィー・ショルは、兄のハンスとともに、反ナチスの抵抗組織「白バラ」で地下活動を行い、大量のビラを作成しては各地に配布・郵送していた。ショル兄妹が六回目のビラの残部を大学構内でまいていたとき、彼らは大学職員に発見され、警察に引き渡される。ゲシュタポの捜査官モーアによる尋問を受けたゾフィーは、当初、ノンポリの学生を装い、無関係であると主張していた。だが、自宅から発見された証拠のため兄が事実を認めたことを知り、容疑を認める。しかし、彼らの活動や思想を批判するモーアに対し、ゾフィーは敢然と自分たちの考えの正当性を主張する。彼女に心を動かされたモーアは、彼女の罪が軽くなるように事実と異なる調書文案を提案するが、ゾフィーはそれを受け入れようとしない。逮捕されて5日目に法廷に立たされたゾフィーは、判事ローラント・フライスラーの独断的で攻撃的な弁舌にさらされ、死刑の判決を受ける…

„Woran soll man sich denn sonst halten, als an das Gesetz, egal, wer es erlässt?" – „An Ihr Gewissen."

◎　◎　◎

「それでは、誰の法であれ、法以外に何を拠りどころとすればよいというのかね?」―「あなたの良心です。」

セリフの背景　歴史的事実をかなり忠実に追いながら、法廷映画としての性格を強くもつこの作品では、映画の核心は、言葉による闘いそのものにある。それはまた、実際に「白バラ」が行ってきたことに他ならない。

　逮捕された日のうちに最終的に容疑を認めたゾフィーに対して、翌日の尋問でモーアは「白バラ」の共犯者を確定しようとする。捜査協力を呼びかけるモーアに対してゾフィーは、「Herr Mohr, Sie werfen uns doch Hochverrat vor. モーアさん、あなたは反逆罪（＝国家への裏切り行為）でわれわれを咎めておられます。Und jetzt wollen Sie, dass ich angebliche Mittäter verrate, damit ich selber besser davonkomme? それなのに今度は、自分がうまく切り抜けられるように、共犯者とされている人を裏切れというわけですか?」と皮肉を向ける。痛いところを突くこういった批判は、三日目の尋問でさらに力を増す。モーアは、暴力ではなく言論による「白バラ」の闘争に対して理解を見せることで、ゾフィーを懐柔し、「法」に基づく自分たちの対応こそが「秩序」をもたらしていると述べる。だが、ゾフィーは反論する。「Das Gesetz, auf das sie sich berufen, hat vor der Machtergreifung 1933 noch die Freiheit des Wortes geschützt あなたのおっしゃる〈法〉は、1933年の権力掌握以前はまだ言論の自由を守る

ものでした… und heute bestraft es unter Hitler das freie Wort mit Zuchthaus oder dem Tod. でも今では、ヒトラーのもとで〈法〉は、自由な言論を監獄や死刑によって処罰しているのですよ。Was hat das mit Ordnung zu tun? それが「秩序」と何の関係があるというのですか？」はじめに引用したのは、それに対するモーアの返答とゾフィーの言葉である。モーアがmanという言葉によって、行動の拠り所を一般論で語ろうとしているのに対し、ゾフィーは「Ihr あなたの」良心という言葉によって、まさにモーア個人に対して、彼自らへの問いを投げかけていることになる。

　ゾフィーが掲げるGewissen「良心」という言葉は、彼女にとって単に個人的で恣意的な判断基準ではない（モーアはそう反論しようとする）。この言葉は、続く対話のなかで明言されるように、宗教的な確信に基づいている。ゾフィーは精神障害児をナチスがガスや毒薬で殺害していることに言及し、「Niemand kann wissen, welches geheime innere Reifen aus Leid entstehen kann. 苦しみ（＝精神障害）からどのような秘められた内的成熟が生まれることがあるか、誰にもわかりません」と訴える（この表現もキリスト教的）。モーアは「Was Sie sagen, ist romantisch und hat mit der Realität nicht zu tun. あなたの言っていることはロマンティックなことで、現実とは関係ない」と切り捨てようとするが、ゾフィーは「Was ich sage, hat natürlich mit der Wirklichkeit zu tun, mit Sitte, Moral und Gott. 私の言っていることはもちろん現実と関係しています。つまり、人の道、モラル、神と関わっているのです」と答える。モーアは「Gott gibt es nicht! 神などいない！」と叫ぶが、動揺を隠せない。

　この映画にはゾフィーが神に祈る印象的な場面がいくつか挿入されている。彼女の強さを支えているのが、神のもとでの「正しさ」の信念であることをこの映画は強調している。「白バラの祈り」といういくぶん感傷的にひびく邦題も、その意味で案外核心にふれているかもしれない。

Ihr *Herrenvolk* will in Wirklichkeit Frieden und dass wieder die Menschenwürde Achtung findet, es will Gott, Gewissen, Mitgefühl.

◎ ◎ ◎

あなたの言う「支配民族」は実際には平和を望んでおり、人間の尊厳が再び尊重されるようになることを望んでいるのです。それは、神が、良心が、人を思いやる心が望んでいることなのです。

セリフの背景

　法廷では発言が制約され、しかもフライスラー判事の高圧的で怒鳴りつけるような言葉にしばしば妨害されるため、ショル兄妹にはなかなか主張を十分に展開する場が与えられない。それでも、限られた発言のなかで、一瞬、判事の言葉を失わせるような、そして傍聴席の人々を動揺させるようなショル兄妹の言葉が発せられる。ゾフィーはドイツ人による他民族やユダヤ人の虐殺に言及し、「Sollen wir denn auf ewig das vor aller Welt gehasste und aufgestoßene Volk sein? われわれは永遠に、全世界を前にして憎まれ小突きまわされるような国民になってしまってよいのですか」と判事に問いかけるが、判事は「Ach, ein Herrenvolk interessiert das nicht. そんなことは支配民族にとってどうでもよいことだ」とまったく相手にしない。Herrenvolkというのはナチスの用語で、他の民族に優越する「支配者」たる民族としてドイツ人を位置づけ、いわゆる民族浄化の基盤となる思想である。その判事の言葉に対して、ゾフィーは上に引用した言葉で答えるわけだが、彼女はこのおぞましいナチス用語をあえて使いながら、ここでも彼女の信念が「神・良心・人を思いやる心」を拠りどころとしていることを示す。フライスラーはこの言葉に「Was bilden Sie sich denn ein? 何をバカなことを考えているのかね？」としか言うことができない。この sich etwas einbilden（勝手に思い込む）という表現は、裁判のなかで何度か耳にされるが、論理ではなく単に直観的に相手を誹謗することしかできないときに口をついて出ているものだ。

「Millionen Kriegstote ... die sogenannte Entjudung, die Tötung von Geisteskranken, es sind die grauenvollsten, jegliches Maß überschreitenden Verbrechen geschehen... 何百万人もの戦争の犠牲者…いわゆる非ユダヤ化、精神障害者の殺害、これらは最もおぞましいことです。あらゆる尺度を超えるような犯罪が行われている…」このゾフィーの告発をさえぎって、判事は「Die Reinigung des Volkes ist radikal und selbstverständlich. 民族の浄化は断固たるもので、自明のものだ」とナチズムの見解を繰り返す。ゾフィーはさらに訴える。「Jeder, der hier im Saal sitzt, hat durch den Krieg Angehörige und Freunde verloren. この場にいる人は皆、戦争によって身内や友人を失っています。Keiner glaubt, dass das zur Reinigung unseres Volkes notwendig war. それがわれわれの民族の浄化のために必要だったなどと誰も思っていません。Jeder trauert. みんな嘆き悲しんでいるのです。」この言葉は、もはや一般論ではなく、この裁判の場に居合わせている人々（ナチス関係者）の個人的な経験、そして個人の良心に訴えるものである。そしてさらにこう畳みかける。「Was wir gesagt und geschrieben haben, denken ja so viele, nur wagen sie nicht, es auszusprechen. 私たちが言ったこと書いたことは、多くの人が考えていることです。ただ、それを人前で言うことができないでいるだけなのです。」ゾフィーの言葉は、彼女が実際に考えていることを素朴に語っているだけかもしれない。しかし、慎ましく、しかしだからこそいっそう強く、彼女の言葉を聞く人の良心に直接訴えかける力をもっている。この映画では、傍聴席の人々の間に広がる動揺と彼らのやましさが控えめに演出されている。

　この映画は、ショル兄妹が逮捕された1943年2月18日から、裁判を受け即日処刑された2月22日までの5日間、および逮捕前夜の17日を含めた「最期の日々」を、ゾフィー・ショルに視点を据えて描いたものである。現在刊行されているシナリオ・資料集（ドイツ語および邦訳）におさめられている台本は、3時間の上映時間を必要とする最初の編集版によるもので、公開された作品は3分の2に縮小されている。

　「白バラ」を描いた過去の映画としては1982年の「白バラは死なず（*Die weiße Rose*）」（ミヒャエル・フェアヘーフェン監督）がよく知られているが、「白バラの祈り」では特に、白バラのメンバーに対する取り調べの新たな資料に基づいて作られた場面が重要な意味をもっている。しかし、「ヒトラー　〜最期の12日間〜」と同様、資料に依拠しつつ丹念に事実を描き出そうとする方向性とともに、この作品があくまでも映画としての語りをともなって構成されているものであることを忘れるべきではない。ゾフィー・ショルに視点を据えた語りや音楽の用い方をとっても、ここではエモーションをかき立てる人間ドラマが意図されている。

　裁判長のフライスラーは、政治犯に対してとてつもない数の死刑判決を下した判事として知られている。彼の実際の映像はYouTubeなどでも観ることができるが、この映画で判事を演じているアンドレ・ヘンニッケの演技は圧倒的である。ゾフィー・ショルはフライスラー判事に対して、「Bald werden Sie hier stehen, wo ich jetzt stehe. やがてあなたも、今私が立っている場所に立つことになります」という言葉を残しているが、彼は実際には、戦争が終わる前に空襲による裁判所の爆撃で死亡したため、戦後、自らが法廷に立たされることはなかった。しかし、ゾフィーの言葉は、戦争犯罪人に対する裁判だけでなく、死んだ後に神の裁きの前に立たされることを意図していたともいえるだろう。

24

白バラの祈り　ゾフィー・ショル、最期の日々

153

25 善き人のためのソナタ
Das Leben der Anderen

フロリアン・ヘンケル・フォン・ドナースマルク監督

▶**脚本**◎フロリアン・ヘンケル・フォン・ドナースマルク
▶**撮影**◎ハーゲン・ボグダンスキー
▶**編集**◎パトリシア・ロンメル
▶**音楽**◎ガブリエル・ヤレド、ステファン・ムーシャ
▶**出演**◎ウルリッヒ・ミューエ、マルティナ・ゲデック、セバスチャン・コッホ、ウルリヒ・トゥクール他
▶**製作年等**◎2006年、137分、カラー。2006年アカデミー賞（外国語映画賞）、2006年ヨーロッパ映画賞（作品賞、脚本賞、男優賞）他多数受賞

ストーリー

　舞台は1984年の東ベルリン。国家保安省（シュタージ）の局員ヴィースラーは、劇作家ドライマンを監視するように命じられる。盗聴器を仕掛け、ドライマンが恋人の女優ジーラントと暮らす家屋の屋根裏で二人の生活を監視するうち、ヴィースラーはこの二人の愛情・信頼を知る一方で、社会主義国家の腐敗に直面する。劇作家のイェルシュカが国家による圧迫のため自殺した後、ドライマンはこの親友がプレゼントしてくれた「善き人のソナタ」の楽譜を取り出し、ジーラントに弾いて聴かせる。この音楽は盗聴しているヴィースラーの心を強く揺さぶる。親友の自殺によって、ドライマンは国家体制を告発する匿名記事を西側週刊誌『シュピーゲル』に発表することを決意するが、ヴィースラーはその目論見を知りつつも、ドライマンを守ることになる架空の報告書を書き続ける。しかし、告発記事執筆者の捜査のために、証拠となるタイプライターのありかを知るジーラントをヴィースラーは自ら尋問しなければならなくなる…

2022年5月13日発売
『善き人のためのソナタ』
ブルーレイ：¥5,280（税込）
DVD：¥3,080（税込）
発売・販売元：ギャガ
©Wiedemann & Berg Film-produktion

Kann jemand, der diese Musik gehört hat, ich meine wirklich gehört hat, ein schlechter Mensch sein?

◎　◎　◎

この音楽を聴いた人が、つまりほんとうに聴いた人が、悪い人であり得るだろうか?

セリフの背景

　　この言葉は、この映画のキャッチコピーとしても使われ、この映画のなかで最もよく知られる台詞となった。主人公ドライマンが親友の自殺後、恋人のジーラントにピアノで弾いて聴かせるシーンで語られる言葉だ。この映画の邦題が「善き人のためのソナタ」(ちなみに、ドイツ語としては「ための」ではなく、本来「についての」というべきだろう)とされているために、この言葉はなおさら大きな意味をもつことになる。確かに、盗聴しながらこの曲を耳にするヴィースラーの心にこの音楽は衝撃を与え、彼は聴きながら涙さえ流している。実際、この音楽を聴いたことでヴィースラーの行動に決定的な転機がもたらされたことは間違いない。しかし、もし純粋に音楽の力だけであれほど優秀なシュタージ局員であるヴィースラーが変わってしまったとしたら、物語の展開として少し無理がないだろうか。

　　この映画がこれほどまで高い評価を勝ち得たのは、東ドイツのシュタージによる非人間的な管理体制が非常にリアルに描かれていること、そのなかで国家を告発する記事を西側に発表するというきわめてスリリングな展開を盛り込んでいることが大きい。それとともに、そういった管理的な国家体制のもとにありながら、シュタージ局員のヴィースラーが個々の人間の信頼・愛情・尊厳に(盗聴という対極的な行為を通じて)触れることでそれを取り戻していく過程が、登場人

善き人のためのソナタ

物の心に寄り添うように描かれている。このような大きな枠組みでこの映画をとらえるとき、「善き人のためのソナタ」というピアノ作品は、単にそこで演奏されることになる音楽そのものというよりも、ドライマンやジーラントの間の愛情、また彼らを取り巻く友人たちの愛情、つまりここでの「善き人」という言葉によって感じられる人間愛を集約的に表しているのかもしれない。そのときわれわれ観客は、音楽そのものと作品の主題とを、ドライマンの言葉によってより明確に結びつけることになる。

　この音楽を聴いた直後の小さな挿入的な場面でも、この音楽が与えた魔法の力が、些細な言葉のトリックによって示されている。ヴィースラーが乗り込んだ自宅のある建物のエレベーターにボールが弾んで入り、続いてその持ち主の小さな男の子が入ってくる。この子は両親の噂話を聞いてか、ヴィースラーをまじまじと見て話しかける。「Bist du wirklich bei der Stasi? おじさん、ほんとうにシュタージの人なの？」「Weißt du überhaupt, was das ist, die Sasi? シュタージが何か知っているのかい。」「Ja. Das sind schlimme Männer, die andere einsperren... sagt mein Papa. うん、ほかの人を牢屋に入れちゃう悪い人だって、パパが言ってる。」「So, wie heißt denn dein ... そう。なんていう名前なの、君の…」「Mein was? ぼくの何？」「Ball. Wie heißt denn dein Ball? ボールだよ。きみのボールの名前はなんていうの。」男の子は、変な人、ボールに名前なんかないよ、といって出ていくのだが、Wie heißt dein ... という問いはいうまでもなく、本来ならば職務上その子の父親の名前を問いただすはずのものである。ここではヴィースラーは途中でそれを思いとどまり、Vaterと同じ男性名詞であるBallにすり替えたということだ。ボールで始まる小さなシークエンスには、こんな小粋な仕掛けがある。

„Sie sind eine große Künstlerin. Wissen Sie das denn nicht?" – „Und Sie sind ein guter Mensch."

◎ ◎ ◎

「あなたは偉大な芸術家（女優）です。ご存じでしょう。」―「あなたは善い人ですね。」

セリフの背景

　この映画にはいくつかの葛藤を孕んだ展開の軸が交錯しており、それによって観客は緊張感に満ちた物語の展開を追っていくことになる。国家を告発する記事の計画という軸がヴィースラーとドライマンの関係に関わるものであるとすれば、もう一つの軸は、ドライマンへの愛情と国家の強制の間で苦しむジーラントに関わるものである。ヴィースラーは単に盗聴という手段によって一方的に彼女を知っているだけでなく、彼女と三度、直接言葉を交わす。

　上に引用した言葉は、ヴィースラーが最初にジーラントと話をする場面からとったものだが、ここではヴィースラーは「観客」の一人として、酒場で自暴自棄になっているジーラントに声をかける。彼女は実権を握る大臣ヘンプフに関係を迫られ、女優を続けるために恋人であるドライマンを裏切らざるを得ない状況に置かれている。酒場でのいまのジーラントの様子と比べて、かつて彼女が女優としてどれほど輝いていたかを思い出させようとするヴィースラーに、彼女はこう答える。「Sie wissen, wie ich bin? いま私がどういう状態か、ご存知というわけですか。」「Ich bin doch Ihr Publikum. 私はあなたの観客ですから。」このヴィースラーの言葉は後で重要な意味をもってくる。酒場を出てヘンプフのところに行こうとするジーラントを引きとめ、いまの彼女が本来の彼女の姿ではもはやないとたたみかけるヴィースラーに対して、彼女は「Sie kennen sie also gut, diese Christa Maria

Sieland? あなたは彼女を、このクリスタ・マリア・ジーラントをよくご存知というわけですね」と問う。ここで自分自身を三人称で語るジーラントは、これに続く問いでもいわば自らを他人のように対象化している。「Würde sie einen Menschen verletzen, der sie über alles liebt? Würde sie sich verkaufen für die Kunst? 彼女は自分をなによりも愛している人を傷つけていることになるのでしょうか。彼女は芸術のために身を売っていることになるのでしょうか。」それに対してヴィースラーは、「Verkaufen für die Kunst? Die hat sie doch schon. Das wäre ein schlechtes Geschäft. 芸術のために身を売る？芸術なら彼女はもうもっているじゃないですか。それはまずい取引ですね」とたしなめる。上の引用は、これに続く言葉である。そこでは、ジーラントという人間に対して、再び二人称で語りかけている。

　ヴィースラーが二度目にジーラントと対面するのは、シュタージとして彼女を尋問する場面である。彼女は目の前にいるシュタージ局員を、あの時の男性であるとは気づかない。ここではヴィースラー自身、二人を護ることとシュタージの一員として尋問することの間で、難しい立場に立たされている。この尋問のなかで、ヴィースラーは一見、普通の説得の言葉のようにして、「Denken Sie an Ihr Publikum. あなたの観客のことを考えなさい」という言葉をさしはさむ。この言葉は、尋問というコンテクストにおいては、女優生命を棒に振るべきではありませんよ、ということを意味しているように聞こえる。しかし、それは同時に「あなたの観客」である私のことを思い出しなさい、あの時私が言ったように、本当のあなたの姿に立ち返りなさいという、このような極限状況下での秘密のメッセージでもある。

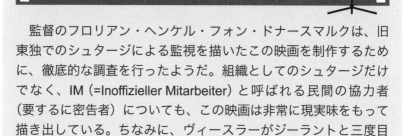

　監督のフロリアン・ヘンケル・フォン・ドナースマルクは、旧東独でのシュタージによる監視を描いたこの映画を制作するために、徹底的な調査を行ったようだ。組織としてのシュタージだけでなく、IM（=Inoffizieller Mitarbeiter）と呼ばれる民間の協力者（要するに密告者）についても、この映画は非常に現実味をもって描き出している。ちなみに、ヴィースラーがジーラントと三度目に対面するのは、IMとしてまたもやドライマンを裏切ってしまったジーラントが悲劇的な結末を迎えるときである。

　映画では、ドイツ統一後、元大臣のヘンプフから自分がかつて完全な監視のもとにあったことを聞かされたドライマンが、それにもかかわらず逮捕されなかった理由を探るために、情報公開されているシュタージ文書館（BstU）を訪れ、ジーラントがIMとなって彼を裏切っていたことを知る、という設定になっている。旧東独では、親友や夫婦の間でさえこういった密告が生じていたが、統一後、シュタージ文書館で自ら調査することによって、そういった事実が簡単に明るみにされ、これまでの人間関係に大きな歪みを生じさせることになった。このような事態については、かつて何度か放送されたNHKのドキュメンタリー番組でも生々しく描かれており、ご覧になった方も多いのではないだろうか。

　ドライマンは文書館で同時に、自分をかばっていたのがHGW XX/7というコードネームをもつ人物であることを知る。ヴィースラーは何年か後にドライマンが発表した『善き人のためのソナタ』を書店で見つけ、献辞にHGW XX/7を認めてこれを買おうとする。プレゼントの包装をしますか、という店員の言葉に対して、「Nein...das ist für mich. いいえ、これは自分用の（自分のために書かれた）ものです」と答えるヴィースラーの言葉は、まさに古典的映画の最後の決め台詞のようだ。

26 ヒトラーの贋札
Die Fälscher

シュテファン・ルツォヴィツキー監督

- ▶**脚本**◎シュテファン・ルツォヴィツキー
- ▶**撮影**◎ベネディクト・ノイエンフェルス
- ▶**編集**◎ブリッタ・ナーラー
- ▶**音楽**◎マリウス・ルーラント
- ▶**出演**◎カール・マルコヴィックス、アウグスト・ディール、デーフィト・シュトリーゾフ、アウグスト・ツィルナー、マルティン・ブラムバッハ、ファイト・シュテュープナー他
- ▶**製作年等**◎2007年、96分、カラー。2007年アカデミー外国語映画賞他受賞

ストーリー　天才的な偽造の腕をもつユダヤ人ザロモン・ゾロヴィチュは、身分証明書や紙幣などの偽造をいわば職業としていたが、1936年、ベルリンでついに逮捕される。1939年、彼はマウトハウゼン強制収容所（オーストリア）に送られるが、絵の才能を示すことで肖像画家として収容所内で優遇される。5年後の1944年、彼は突然ザクセンハウゼン強制収容所（ベルリン郊外）に移される。彼はそこで他の印刷・偽造の技術をもつ収容者とともに、敵国の経済撹乱のために紙幣を偽造するナチスの「ベルンハルト作戦」に協力させられることになった。はじめに取り組んだイギリス・ポンドの偽造は完全に成功するが、ドルの偽造はいつまでたっても成功しない。それは、ナチスに加担することを拒む仲間の収容者ブルガーが個人的信念から秘かに妨害工作を行っていたためだった。ゾロヴィチュは彼と対立しながらも、密告は断じて行わなかった。しかし、4週間以内に成功させなければ、五人の仲間を殺すと脅される…

2022年1月14日発売
『ヒトラーの贋札』
ブルーレイ：¥5,280（税込）
DVD：¥3,080（税込）
発売・販売元：ギャガ

Ich hab einfach kein Talent zum Märtyrer.

◎　◎　◎

おれには殉教者になる才能なんてないってことだな。

セリフの背景　　戦争が終わり、収容所での危険が去った時、ゾロヴィチュが仲間のブルガーに対して口にする言葉だ。自らや仲間の危険を顧みず、理念を掲げて行動するブルガーは、他の仲間（ツィリンスキ）から「Burger, der Held! Der wollte hier von Anfang an den Märtyrer machen! ヒーロー気取りのブルガーめ！　あいつは最初からここで殉教者になるつもりだったんだ」と言われている。それに対して、ゾロヴィチュの生き方を彼自身の言葉で要約するならば、「sich anpassen 状況に合わせる」ということになるだろうか。映画の序盤、ナチスに対する抵抗運動を行う若いハンスが「Kapierst du nicht, was los ist? Was die Nazis mit uns machen? 何が起こっているのかわからないのか？ナチスがおれたちにしていることを？」と躍起になっても、ゾロヴィチュはこう答える。「Weißt du, warum die Juden immer verfolgt werden? ユダヤ人がどうしていつも迫害されるかわかるか？ Weil sie sich nicht anpassen. まわりの状況に合わせようとしないからだよ。Ist nicht so schwer. そんなに難しいことじゃない。」あるいは、「Det (=das) sind unsere Leute. これはおれたちの仲間だ」という言葉で同胞のユダヤ人を意識させようとするハンスに対して、「Ich bin ich, und die anderen sind die anderen. おれはおれ、他人は他人だ」と言い切るゾロヴィチュは、自分が生き残るためには徹底的に計算高く動く人間であるようにも見える。しかし、こういったドライな側面と同時に他方では、彼は気弱なロシア人コーリャをはじめとして、仲間が生き残ることができるように配慮する人間的側面や彼自身の強烈な

信念を見せている。

　そういった側面はとりわけ、妨害工作を行うブルガーをゾロヴィチュがかばう場面で明確に表れる。ゾロヴィチュは、自分の信念によって仲間を危険にさらしているブルガーと考え方の上では対立するが、しかし、ナチス・ドイツ対ユダヤ人という対立の図式のなかでは決して彼を裏切ることはない。作業仲間のツィリンスキが、ブルガーの不審な行動を指摘すると、ゾロヴィチュは「Er sabotiert. Ich weiß. あいつは妨害工作をやっている。わかってる」と答え、ツィリンスキを驚かせる。「Sollen wir für Ideale von 'nem Politischen verrecken? 政治なんかの理念のためにくたばらなきゃならないってのか？」ツィリンスキのこの言葉は、まさに彼の人物像を象徴している。ゾロヴィチュはその彼に対して、「Man verrät keine Kumpels. 仲間を裏切るな」と釘をさし、さらには「Wenn du ihn verrätst, bring ich dich um. あいつを裏切ることがあれば、お前を殺す」とまで脅しをかける。

　単純なヒューマニズムに陥らない多面的な人間像は、ザロヴィチュだけでなく、理念でのみ動くように見えるブルガーの描写にも当てはまる。そのことは彼のたどってきた道と関わっている。彼はアウシュヴィッツで「カナダ」と呼ばれる、収容者の所有物を整理する部隊で作業していた。「Wir haben das Gepäck der Neuankömmlinge auf der Lampe sortiert. おれたちは新入りの荷物を選り分けていた。In vielen Taschen war Proviant, wir haben immer gutes Essen gehabt. 多くのかばんには食料があって、おれたちはいつもうまい食い物にありつけたわけだ。Während die Menschen, denen das gehört, ins Gas geschickt wurden. 一方でその所有者はガス室に送り込まれていたんだが。」ゾロヴィチュはここでも、「Man passt sich an oder geht drauf. 状況にうまく合わせるか、くたばるかだ」と答える。

„Hast du dich darüber nachgedacht, dass es hier nicht nur um dein beschissenes Leben geht?" – „Beschissenes Leben ist das einzige, was wir haben!"

◎　◎　◎

「お前のくそみたいな命だけが問題じゃないと考えたことがあるか?」― 「おれたちのもっているのは、このくそみたいな命だけだ。」

セリフの背景　ゾロヴィチュとブルガーの対照的な生き様をもう少したどってみよう。二人の出会いの最初の場面から、ブルガーの言葉は社会主義者に典型的な表現で溢れている。「Die wahren Kriminellen sind die großbürgerlichen Ausbeuter! ほんとうの犯罪者は搾取する大市民層の人間だ! Die haben den Faschismus möglich gemacht. ファシズムはあいつらのせいだ。」ゾロヴィチュがそういった言葉と距離をとろうとすると、「Sie haben einem Genossen Ihr Brot gegeben. Das war Solidarität. あなたは仲間に自分のパンを分けてあげた。それが"連帯"なんですよ」といかにもまじめだ。「Brot パン」はここでは生きるための糧全般を指すが、ゾロヴィチュは「Es war Suppe. あれ(一緒にいたコーリャにあげたもの)はスープだよ」と冗談でかわすのでブルガーも笑う。こういったやりとりも面白い。

　アウシュヴィッツの「カナダ」に所属し、食料を盗み食いしていたがゆえに生き延びられたのは、ゾロヴィチュに言わせれば「状況に合わせた」ことになるわけだが、ブルガーは「Ich will das nicht mehr. そんなことはもうやらない」という生き方を現在では貫こうとしている。彼が弱さを垣間見せるのは、現在もアウシュヴィッツにいる妻の

ことを考えるときだ。しかしゾロヴィチュは、苦境にある人々の苦しみを考えることで、自分の恵まれた処遇にやましい気持ちを感じるセンチメンタリズムを切り捨てる。「Ich mach den Nazis nicht die Freude, mich zu schämen, dass ich noch leb. 自分がまだ生きていると恥じ入ることで、ナチスを喜ばせるなんてことはしない。」ゾロヴィチュにとって、おそらく至上命題はとにかく「überleben 生き延びる」ことである。その点で、命（他人も含めて）よりも理念を優先させようとするブルガーと決定的に対立する。それが先鋭化するのが、意図的に妨害工作を行っていることをブルガーがアツェに明かす場面（ゾロヴィチュもそこに加わる）である。「Ich bin ins KZ gekommen, weil ich mit meiner Frau Flugblätter gegen die Nazis gedruckt habe. 私が強制収容所にいるのは、妻と反ナチスのビラを印刷したからだ。Ich will jetzt nicht Geld für die Nazis drucken. その私がいまナチスのために金を印刷などしない。」彼にとっては、「Wir sind Drucker, um die Wahrheit zu vervielfältigen. 私たちは、真実を刷って広めるために印刷屋をやっているのだ」という妻の言葉が揺るぐことのない理念となっている。「Wir könnten hier sinnvoll die Nazis bekämpfen. おれたちはここでナチスに対して意味のある戦いができるんだ。」しかし、ゾロヴィチュはそのような理念を退け、生きることに固執する（引用はそのような文脈上の会話）。

　壁の向こうでユダヤ人が射殺されたとき、あえてゾロヴィチュと卓球を続けようとするブルガーの振る舞いは、そのようなゾロヴィチュの生き方にあてつけた挑発である。「Es ist ein KZ. ここは強制収容所だ。Eventuell werden Dutzende ermordet. 何十人も殺されることだってある。Hören wir doch einfach weg. 聞き流せばいい。(...) Einer von Tausenden. 何千人のうちの一人だ。Seien wir froh, dass wir auf dieser Seite stehen, Sally, hm? おれたちがこっち側にいることを喜ぼうじゃないか。」ここでは「生き延びる」ことの意味も、決して単純に描かれることはない。

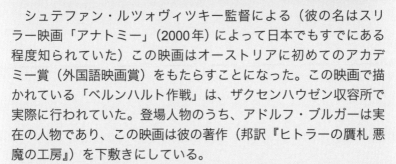

『ヒトラーの贋札』について

　シュテファン・ルツォヴィツキー監督による（彼の名はスリラー映画「アナトミー」（2000年）によって日本でもすでにある程度知られていた）この映画はオーストリアに初めてのアカデミー賞（外国語映画賞）をもたらすことになった。この映画で描かれている「ベルンハルト作戦」は、ザクセンハウゼン収容所で実際に行われていた。登場人物のうち、アドルフ・ブルガーは実在の人物であり、この映画は彼の著作（邦訳『ヒトラーの贋札 悪魔の工房』）を下敷きにしている。

　原題の Die Fälscher は直訳すれば「偽造者たち」である。当初この映画には単数形の Der Fälscher という表題が考えられていたようだが、複数形の表題とされたのは、主人公のゾロヴィチュだけでなく、とりわけブルガーの存在を表題の上でも決して軽んじることができなかったからだろう。言及することができなかったが、枠物語（映画の冒頭と最後に終戦後のゾロヴィチュが描かれ、その回想のかたちをとる）という形式、またベルンハルト作戦の担当責任者ヘルツォークの言葉や行動、細かなしぐさも、この映画を見る上できわめて興味深いポイントだ。また、おもに主観的なまなざしに関わるショットで手持ちカメラ的な映像を用いているのも、映画の語りに大きな意味を与えている。

　監督はあるインタビューのなかで、この映画の提示しているものは、今日の普遍的な問題に関わっていると述べている。監督によれば、「すぐとなりで他の囚人たちが拷問され殺されているときに、同じ収容所内でピンポンをすることがそもそも許されるのか」という問いは、「すぐとなりで他の人々が飢えているところで、豪華休暇旅行を楽しむことが許されるか」、あるいは「世界中のあらゆる苦しみを目にしながら、われわれの豊かで守られた生活を享受することができるのか」という問いとまったく同じなのである。

ヒトラーの贋札

㉗ そして、私たちは愛に帰る
Auf der anderen Seite

ファティ・アキン監督

▶脚本◎ファティ・アキン
▶撮影◎ライナー・クラウスマン
▶編集◎アンドリュー・バード
▶音楽◎シャンテル（シュテファン・ハンテル）
▶出演◎バーキ・ダヴラク、トゥンジェル・クルティズ、ヌルギュル・イェシルチャイ、ヌルセル・キョセ、パトリシア・ジオクロースカ、ハンナ・シグラ他
▶製作年等◎2007年、116分、カラー。2007年カンヌ国際映画祭（脚本賞）、ヨーロッパ映画賞（脚本賞）、ドイツ映画賞（作品賞、監督賞他）他多数受賞

ストーリー

トルコとドイツの間に張り渡された三組六人の親子の運命が、互いに交差する。しかし、それらが完全に交わることはない。彼らのうち、二人は命を落とすことになるが、残された者はつながりを求めて生きる。

　ブレーメンで一人暮らしの年金生活をしているトルコ人のアリは、売春婦街で出会ったトルコ人女性イェテルに、一緒に暮らすことを提案する。大学でドイツ文学の教授をしているアリの息子ネジャットは、父の入院中にイェテルと話すうち、イスタンブールで連絡が取れなくなっているという彼女の娘のことを聞く。

退院したアリは、彼の家を出て行こうとしたイェテルを誤って殺してしまい、「人殺し」の父と訣別したネジャットはイェテルの娘を探してイスタンブールに行く。一方、イェテルの娘アイテンは、イスタンブールで反政府の武装闘争を行っていたが、身元が割れたため、偽名でハンブルクに潜入する。彼女はブレーメンにいるはずの母親を探す途中、大学生ロッテと知り合いになる…

そして、私たちは愛に帰る
DVD：¥4,180（税込）
発売・販売元：ポニーキャニオン
©CORAZONINTERNATIO-NAL

Was ich wirklich erstaunlich finde: sie selbst war doch genauso.

◎　◎　◎

本当に驚いていることがある。母自身がまったく同じだったのだ。

セリフの背景

イスタンブールに送還されたアイテンを追ってイスタンブールに着いたロッテは、刑務所での面会の際に、アイテンの武装闘争の手助けを依頼される。そして、アイテンの隠した拳銃を無事入手したことがきっかけとなって、その銃で誤って射殺されることになる。ロッテの母ズザンネは、娘が見ず知らずのトルコ人女性の世話をしていることをもともと快く思っていなかったが、彼女がイスタンブールで事件に巻き込まれて死んだ後、イスタンブールでいわば娘の後をたどってゆく。ホテルの部屋の中でのズザンネの悲しみの映像表現は秀逸だ。

ロッテは、現在はイスタンブールで書店を経営するネジャットの仲介で部屋を借りていたため、母のズザンネもネジャットと会うことになる。ホテルのカフェで互いに初対面の二人が出会ったときも、ズザンネには悲しみの影がまとわりついている。「Woher wussten Sie eigentlich, dass ich es bin? どうして私だとおわかりになりましたか？」「Sie sind der traurigste Mensch hier. あなたがここで一番悲しげな方だからです。」その後、娘のロッテが借りていた部屋に案内されたズザンネは、「Ich möchte noch bleiben. もう少しここに残っていたいのですが」と言って、一人で夜を過ごす。そして、娘の遺品の日記を手にして読み始める。「Diese Schritte, meine Schritte möchte ich kraftvoll gehen, beherzten Schrittes, auch wenn Mama das manchmal nicht so richtig begreift. この歩みを、私の歩みを力強く、

そして、私たちは愛に帰る

27

167

勇気をもって進めていきたい。ママはあまりちゃんと理解してくれないということもよくあるにせよ。」そして、はじめに引用したように、母親が実は自分とそっくりのことをしていたことに気づき、驚く。いやむしろ、自分自身が母親と同じことをしていたのだ。「Beziehungsweise, ich gehe, unabhängig von ihrer Geschichte, die ich hier nach und nach erst erfahren habe, verblüffend ähnlich Wege wie sie. あるいは、私がここで初めて少しずつ知っていった母の過去の話とはまったく無関係に、私はびっくりするほど母とそっくりに自分の道を歩んでいるのだろうか。Vielleicht ist es das. おそらくそうなのだろう。Sie sieht sich Selbst in mir. 母は私のうちに自分自身の姿を見ているのだ。」娘が感じとっていたとおりなのだろう。

　ハンブルクの家で母と娘が交わしていた会話からは、奔放な娘と堅実な母親という印象を与えられるが、実はこの母親も若い頃は、ロッテと同じようにインドへの旅行をしていたことがネジャットとの会話からわかる。「Sind Sie das erste Mal in Istanbul? イスタンブールには初めていらしたのですか？」「Ich war vor 30 Jahren schon einmal da. 30年前に一度来たことがあります。Das sah aber damals alles ganz anders aus. といっても、当時はなにもかもがまったくちがった様子でしたが。」「Was haben Sie vor 30 Jahren hier gemacht? 30年前にここで何をなさっていたのですか？」「Ich bin per Anhalter nach Indien gefahren. Das war doch damals angesagt. ヒッチハイクでインドに行くところだったのです。当時はそういうことがはやっていましたから。」年齢からすると、母親のズザンネは68年世代ということになるだろうか。ズザンネは娘の日記を読み、娘が自分自身と同じ道をたどっていることを知って、娘との和解を遂げる。この和解が、アイテンとの和解につながり、さらにはアイテンが武装闘争という手段から離れていくことにもつながってゆく。

Er sagte, er würde sich sogar Gott zum Feind machen, um mich zu beschützen.

◎　◎　◎

　父は、私を守るためなら神も敵に回すだろう、と言ったのです。

セリフの背景

　ようやく食欲を取り戻したズザンネはネジャットとレストランで一緒に食事をする。「Worauf wollen Sie anstoßen? 何に乾杯しますか?」とネジャットに尋ねられたズザンネは、「Auf den Tod. 死に」と答える。もちろん、娘を失ったばかりのズザンネにとって、「死」はなによりも自分自身に最も近いものである。しかし、父の過ちによって間接的にイェテルの死に関わっているネジャットもまた、彼女の娘アイテンを介して、ロッテの死に関わっている。もちろん、そのことを二人とも知らない。

　この映画で描かれる三組の親子は、いずれも両親のうち片方が早く亡くなったり別居したりして、片親と一人の子どもという構成であることが共通している。彼らは普段は互いに多かれ少なかれ距離をとっているが、特別な事態にいたったとき、その結びつきはトルコとドイツをまたぎながら、きわめて力強いものとなって現れる。映画の終盤近く、イスタンブールに滞在するズザンネは、同じ方向へと急ぐ数多くの人たちを目にして、ネジャットに尋ねる。「Wohin gehen all die Menschen? この人たちはみんなどこに行くのですか?」「In die Moschee. Heute beginnt Bayram, das dreitägige Opferfest. モスクです。今日、バイラムが始まるんです。三日間の犠牲祭です。」バイラムは祝日一般を意味するが、ここではクルバン・バイラム(犠牲祭)を指す。「Und was wird eigentlich geopfert? 何をいけにえに捧げる

そして、私たちは愛に帰る

のですか？」そこでネジャットは、預言者イブラヒム（アブラハム）の話を始める。「Gott wollte von Ibrahim wissen, wie stark sein Glaube ist. 神はアブラハムの信仰がどれほど強いか知りたいと思ったのです。Deshalb befahl er ihm, seinen Sohn zu opfern. そのため、彼はアブラハムに自分の息子をいけにえに捧げるよう命じました。Ibrahim führte seinen Sohn Ismail auf den Opferberg, アブラハムは息子イスマイルをいけにえの山に連れて行きました。aber in dem Moment, in dem er zustechen wollte, ist das Messer stumpf geworden. しかし、まさに息子を刺そうとしたその瞬間に、ナイフが切れなくなったのです。Gott war zufrieden und schickte Ibrahim ein Schaf. 神は満足してアブラハムに羊を与えました。Er sollte es anstelle des Kindes opfern. 子どもの代わりにその羊をいけにえとするためです。」ズザンネは旧約聖書のなかの有名な話を連想しながら言う。「Diese Geschichte gibt es bei uns auch. そのお話は私たちにもあります。」ネジャットはさらに続ける。「Ich weiß noch, wie ich meinen Vater fragte, ob er mich opfern würde. 私は、父に「私もいけにえに捧げるか」と尋ねたことを覚えています。Ich hatte als Kind Angst vor der Geschichte. 子どものときこの話は怖かったものですから。Meine Mutter war früh verstorben, wissen Sie. 母は早く亡くなっていたんですよ。」ズザンネはやさしく尋ねる。「Und was hat ihr Vater geantwortet? それでお父様はどうお答えになったのですか。」ここでネジャットは、先に引用した父の言葉をズザンネに語るのだ。子を思うその気持ちは、ズザンネの想いと同じものだ。「Lebt Ihr Vater noch? お父様はまだご存命なのですか」というズザンネの言葉にかすかに頷いたネジャットは、通りを急ぐ人たちを見つめながら激しく動揺している。そこではじめて父の想いを思い出し、父との和解が生まれる。「Würden Sie für ein paar Tage die Buchhandlung übernehmen? 二、三日ほど書店の仕事をお願いできますか？」とズザンネに言い残し、彼はトルコに戻っている父のもとへと向かう。

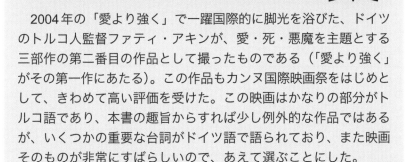

『そして、私たちは愛に帰る』について

2004年の「愛より強く」で一躍国際的に脚光を浴びた、ドイツのトルコ人監督ファティ・アキンが、愛・死・悪魔を主題とする三部作の第二番目の作品として撮ったものである（「愛より強く」がその第一作にあたる）。この作品もカンヌ国際映画祭をはじめとして、きわめて高い評価を受けた。この映画はかなりの部分がトルコ語であり、本書の趣旨からすれば少し例外的な作品ではあるが、いくつかの重要な台詞がドイツ語で語られており、また映画そのものが非常にすばらしいので、あえて選ぶことにした。

この映画は「イェテルの死」「ロッテの死」そして「向こう側で（ *Auf der anderen Seite* ）」という表題を明示的に掲げる三つの部分によって構成される。映画全体の表題である *Auf der anderen Seite* という言葉は、この第三部で提示されているのだが、この「向こう側で・反対側で・もう一方の側で」という言葉が何を意味するかは、第一部と第二部の対照的な構成からも強く感じとることができる。第一部では、トルコ人のイェテルがドイツで命を失い、第二部ではドイツ人の学生ロッテがイスタンブールでやはり半ば誤って殺されてしまう。非常に象徴的であるのは、第一部ではイェテルの棺がトルコの空港でドイツ発の飛行機から降ろされ、第二部ではロッテの棺がやはりトルコの空港でドイツ行きの飛行機へと積み込まれる映像だ。これらの遺体はまさに「もう一方の側」へと移される。とはいえ、それは単にドイツとトルコという地理的な境界に関わるだけではない。イェテルとアイテン、アリとネジャット、ズザンネとロッテという三組の親子が国境を越えて移動しながら、和解・理解という「もう一方の側」へ移ってゆくことがここで描かれているのではないだろうか。ファスビンダーの映画で強烈な個性を示したハンナ・シグラが、この映画ではきわめて印象深い演技を見せている。

そして、私たちは愛に帰る

バーダー・マインホフ
理想の果てに
Der Baader Meinhof Komplex

ウーリ・エーデル監督

▶**脚本**◎ベルント・アイヒンガー
▶**撮影**◎ライナー・クラウスマン
▶**編集**◎アレクサンダー・ベルナー
▶**出演**◎マルティナ・ゲデック、モーリッツ・ブライプトロイ、ヨハンナ・ヴォカレク、ブルーノ・ガンツ他
▶**製作年等**◎2008年、150分、カラー。2009年アカデミー賞（外国語映画賞）ノミネート、2009年ゴールデン・グローブ賞（外国語映画賞）ノミネート、2009年ヨーロッパ映画賞（主演男優賞他）受賞

ストーリー　　　ドイツ赤軍（RAF）の成立過程とその後の展開を、イランのパーレビ国王夫妻訪独に反対するデモ隊の弾圧とオーネゾルク射殺事件（1967年）から、「ドイツの秋」として知られるシュライアー会長の誘拐と殺害（1977年）にいたる西ドイツの歴史のなかで描き出す。後にRAFの設立メンバーの一人となるウルリーケ・マインホフは、左派の雑誌『コンクレート』の編集主幹として活躍し、民衆のデモや学生運動を支持する発言を行っていた。彼女はその過程で、フランクフルトのデパート爆破事件を起こしたアンドレアス・バーダーやグードルーン・エンスリーンと知り合い、後にアンドレアスが逮捕・監禁された際に、彼の脱走に手を貸して地下活動に入る。RAFは銀行襲撃を繰り返して活動資金を手に入れるが、警察の集中的な捜査によって、アンドレアス、グードルーンそしてウルリーケと、主要メンバーが逮捕されてゆく。しかし、その後も第二、第三世代のテロリストたちによって次々と事件が起こる…

> **Wir haben gelernt, dass Reden ohne Handeln Unrecht ist.**
>
> ◎　◎　◎
>
> 行動をともなわない発言は不当だということをわれわれは学んだのです。

セリフの背景

　この映画では、過激派の活動の展開を単なる暴力の連鎖としてではなく、いわば論理の連鎖として描こうとする方向性が明確に見てとれる。ここでは一つ一つの言葉のもつ意味が決定的な重要性を帯びる。パーレビ国王のベルリン・ドイツ・オペラ訪問の際のデモ弾圧の後、テレビの討論会で語るマインホフの言葉は、単にこの6月2日の事件について言及するものであるだけでなく、60年代後半の左派言論人の言説を代表するものといえるだろう。「In der rechten Presse ist die Schuld an der Katastrophe vom 2. Juni den Studenten selbst in die Schuhe geschoben worden. 右派ジャーナリズムは、6月2日の破局的結末の責任を学生自身になすりつけています。Vor allem der Springer-Konzern versucht in seiner Zeitung, die kritischen Stimmen der Studentenschaft als Randalierer und Krawallmacher zu verteufeln. とりわけシュプリンガー社は自社の新聞で、学生側の批判的論調をばか騒ぎや暴動を起こすものだと悪者に仕立て上げようとしています。」ここで言及されているのは、扇動的な写真や見出しを売り物にする大衆日刊紙「Bild ビルト」であり、この映画でも描かれている学生たちのシュプリンガー社の搬出妨害や、過激派によるシュプリンガー社爆破事件は、こういった連関において起こったものだ。「Die Wahrheit ist aber, dass die Proteste dieser Studenten unseren Staat als Polizeistaat entlarvt haben. しかし、こういった

バーダー・マインホフ　理想の果てに

学生たちの抗議活動によって、われわれの国が警察国家であることが暴露された、というのが実際のところです。」さらに彼女は、ベトナム戦争で原爆の使用を検討するアメリカや、アメリカの支持のもとに「防衛」戦争を行うイスラエルを痛烈に批判する。

　こういった学生たちの熱気は、ベルリン工科大学大講堂でのベトナム反戦集会の場面でありありと描かれている。会場には「Der Kampf für die vietnamesische Revolution ist Teil des Kampfes für die Befreiung aller Menschen von Unterdrückung ベトナム革命のための闘いは、すべての人間を抑圧から解放する闘いの一部である」と書かれた横断幕が掲げられている。社会主義ドイツ学生連盟（SDS）のリーダー、ドゥチュケは講堂を埋め尽くした参加者を前にして、「Wir werden es nicht zulassen, dass sich die deutsche Regierung von den Amerikanern als Handlanger ihres imperialistischen Krieges in Vietnam missbrauchen lässt. われわれはドイツ政府が、ベトナムでのアメリカの帝国主義戦争の手先にされてしまうのを認めることはできない！」と訴え、全参加者から熱い支持を受ける。彼らは全員でベトナム革命の指導者ホー・チ・ミンの名前を連呼する。

　はじめに掲げた引用は、フランクフルトのデパート爆破事件の後、「Wir taten es aus Protest gegen die Gleichgültigkeit, mit der die Menschen dem Völkermord in Vietnam zusehen. われわれは、ベトナムでの国民殺害を傍観する人々の無関心さに対する抗議としてこれを行ったのだ」という言葉とともに、エンスリーンが裁判で語ったものだ。マインホーフが留置所でエンスリーンと会見した際にも、「Oder glaubst du vielleicht, dass ihr mit eurem Theoriegewichse irgendwas verändert? あるいは、あなたたちのように理屈を振り回しているだけで何か変えられるとでも思っているの」とマインホーフに皮肉な言葉を投げかけている。この言葉は映画のなかでマインホーフが過激派に加わる一つのきっかけとなっている。

> **Nicht die Polizei, sondern die politischen Mächte haben die Verhältnisse zu ändern, unter denen Terrorismus entsteht.**
>
> ◎　◎　◎
>
> 警察の力によってではなく、政治的勢力によってテロリズムが生じる状況を変えていく必要があるのです。

セリフの背景

　この映画では、かなりの部分でRAFのメンバーに焦点を合わせた描き方がされているが、他方、RAFと対決する体制側の中心人物としては、連邦刑事局長官ホルスト・ヘロルトが据えられている。彼は、テロリストたちをやみくもに力で抑え込もうとするのではなく、きわめて理知的な思考によって捜査を進める。映画のなかでは、当時の実際の映像を引用しつつ、一般の人々が70年代初めにはRAFに対して一定の共感を抱いていたことが示されるが、ヘロルトはこういった状況を黙殺するのではなく正面からとらえようとする。「Nach einer Umfrage des Allensbacher Instituts hat jeder vierte Deutsche unter 30 gewisse Sympathien für die RAF. アレンスバッハ研究所のアンケートによると、30歳以下のドイツ人の4分の1がRAFに対してなんらかの共感をもっています。 (...) Das ergibt eine schier unübersehbare Sympathisantenszene, was die Fahndung nach Tätern ungeheuer erschwert. それによって、つかみどころのないシンパの層が生まれ、そのことが犯人捜査をとてつもなく困難なものとしています。」そして、コンピュータのデータによる捜査方法を提示するのだが、彼は犯人逮捕で単純に問題が解決するとは考えていない。引用したように、彼はテロリストたちを生み出している根本的な政治的問題を視野に入れている。テロリスト対策の会議の席上で、特殊部隊の導入を要求す

る意見に対して、ヘロルトは「Aber mit solchen Maßnahmen al-lein werden wir das Problem nicht lösen. Die Wurzeln liegen tiefer. しかし、そういった方策だけでは問題を解決できないのです。根はもっと深いところにあります」と述べる。「Ich habe nie dafür plädiert, die Taten der Terroristen zu billigen, 私はテロリストたちの行為を是認することを支持表明したわけではありません。wohl aber dafür, ihre Motive, so gut man das kann, kennenzulernen und verstehen zu lernen. しかし、彼らの動機をできる限り知ること、理解することに賛成しているのです。」彼はテロという現象だけに対処しようとするのではなく、その本質的な問題に対峙することが必要だと考えている。だからこそ、「Es ist auch unsere Ignoranz, die den Terrorismus fördert. テロを助長しているのは、われわれの無知でもあるのです」とさえ述べ、さらに次のように続ける。「Also sehr ver-kürzt gesagt, hieße es zu fragen, ob der Terrorismus nicht eine neue Form des Krieges darstellt, ob er den großen Krieg ersetzt, der im Moment nicht stattfindet. つまり、かなり要約して言うと、テロリズムはある新しい戦争の形式なのではないか、いまは起こっていない大きな戦争に代わるものなのではないかと問うことが重要だということです。」ヘロルトはこの映画のなかで、RAFについての適確な分析を観客に示して見せると同時に、優れた先見の明をもってテロリズムのその後の展開を見抜くという役割を担っている。「wir, die wir zur Aufgabe haben, den Terrorismus zu bekämpfen, müssen zur Kenntnis nehmen, dass die sozialen Probleme der Dritten Welt, dass der Nahost-Konflikt, dass der Krieg der Amerikaner in Vietnam, dass diese Probleme objektiv bestehen. テロとの闘いを任務とするわれわれは、第三世界の社会的諸問題、中近東の紛争、アメリカの行っているベトナムでの戦争といったさまざまな問題が厳然と存在しているということを頭に入れておかなければならないのです。」

　ドイツの政治・社会・文化の歴史において、1968年の学生反乱は一つの決定的な転換点をなしている。RAFの活動はそういった流れのなかで、ともすればごく一部の過激な者たちによる周辺的な騒乱であるかのようにみなされるかもしれない。しかし、決してそうではないということをこの映画は圧倒的な力で描き出す。この映画は、誘拐されたシュライアー会長の殺害で幕を閉じるが、「ドイツの秋」として語られるこの事件が当時ドイツの社会にどれほど深刻な衝撃と精神的打撃を与えたかは、ファスビンダー等11名の監督によって制作された映画「秋のドイツ（Deutschland im Herbst）」（1978年）から痛いほど感じとれる。

　この映画は、相当綿密な時代考証と資料調査にもとづいて映像化されている。この映画の原作となる著書 Der Baader-Meinhof-Komplex（1985年）の著者シュテファン・アウスト Stefan Aust は、ドゥチュケがベルリン工科大学の大講堂で演説するシーンについて、当時自分が居合わせた情景がそのまま再現されたかのようだと述べている（映画の冒頭付近、パーティーの場面で、この著者の若き日の姿も演じられている）。この大講堂のシーンは、68年世代のベストセラー であったウーヴェ・ティム Uwe Timm の小説『熱い夏（Heißer Sommer)』（1974年）の一場面（第二部冒頭）を彷彿とさせる。

　製作・脚本ベルント・アイヒンガー（「ヒトラー 〜最期の12日間〜」の製作者・脚本家でもある）の意図としては、偏った感情移入を避けるべく事実そのものを提示することが目指されているようだが、ここでもやはり「映画」としての構成が徹底的に計算されている。それによって、事実を丹念に追いながら、同時に高いエンターテインメント性も生み出しているといえるだろう（この映画の制作には莫大な資金が投じられている）。また、ゲデック、ブライプトロイ、ブルーノ・ガンツといった大俳優が演じていることも、この映画の魅力を非常に高めている。

29 白いリボン
Das weiße Band

ミヒャエル・ハネケ監督

▶**脚本**◎ミヒャエル・ハネケ
▶**撮影**◎クリスティアン・ベルガー
▶**編集**◎モニカ・ヴィリ
▶**出演**◎クリスティアン・フリーデル、レオニー・ベネシュ、ブルクハルト・クラウスナー、ライナー・ボック、ズザンネ・ロタール他
▶**製作年等**◎2009年、144分、カラー、2009年カンヌ国際映画祭（パルム・ドール他）、2009年アカデミー賞（外国語映画賞・撮影賞ノミネート）、ゴールデングローブ賞（外国語映画賞）、ドイツ映画賞10部門受賞他多数

1913年、北ドイツのある小さな村で、何者かが張り渡した針金によって医師が落馬し重傷を負った。この事件を発端に、作業小屋での農婦の事故死、地主である男爵の長男の誘拐と暴行、地主の納屋の火事、さらには知能障害児の誘拐と暴行など、静かな村で次々と不審な出来事が起こる。この村は、男爵家が地主として数多くの小作農を働かせ、牧師が自分や村人の子どもたちを厳格なキリスト教的規範のもとに教育し、静かな平和が保たれているように見えた。しかし、牧師は自分の子どもたちに躾として厳しい体罰を与えるとともに言葉で責めたて、医者の家では14歳の娘に対する性的虐待や、妻亡き後に関係をもつ助産婦に対しての冷酷な仕打ちも見られた。また、男爵家でも男爵の陰険な性格に起因する家庭内のきしみが現れる。この村にやってきた若い教師は、男爵家の子守エーファへの恋心で幸せな気持ちに包まれながらも、これらの事件に子どもたちが絡んでいるのではないかと疑い始める…

発売元：アイ・ヴィー・シー
価格：Blu-ray ¥5,280（税込）

> ... aber dennoch glaube ich, dass ich die seltsa-
> men Ereignisse ... erzählen muss, weil sie mögli-
> cherweise auf manche Vorgänge in diesem Land
> ein erhellendes Licht werfen können...
>
> ◎　◎　◎
>
> …しかしそれでも、…この奇妙な出来事について話
> さなければならない。それは、これらの出来事がこの
> 国のさまざまな事象に光を当て明らかにしてくれるので
> はないかと思うからだ…

セリフの背景　この映画では、登場人物の教師が、かなりの年数を経たのち過去を回想し、「語り手」としてさまざまな出来事や背景などをV.O.で物語るという形式によって物語が進行していく。引用したのは、映画の冒頭の語りの部分である。これは、表向きにはこれから展開される物語を語る理由であるが、それとともにこの映画の核心的なメッセージを言い表すものでもある。つまり、この物語が目指しているのは、単にここで描かれる特定の時代・地域の特定の人物に関わることがらではなく、「manche Vorgänge in diesem Land この国のさまざまな事象」すべてに関わるような、きわめて一般化された主題だということになる。

　しかし、それが何かを考えるためには、まず、この映画で描かれた具体的事象を丁寧に追っていく必要がある。物語が展開してゆくにつれ、この村で起こる不審な出来事は、さまざまな歪みから生じていることがわかる。物語が始まってまもなく教師が自ら体験した牧師の息子マルティンの奇行もその一つである。橋の欄干の上を歩くという危険な行為の理由を聞かれて、マルティンは「Ich habe Gott Gelegen-heit gegeben, mich zu töten. 神様にぼくを殺す機会を与えていたん

だ。Er hat es nicht getan. でも神様はそうしなかった。Also ist er mit mir zufrieden. だから、神様はぼくに満足しているんだ」と答える。マルティンはある大きな罪を抱えていると推測されるが、それは映画のなかでは明らかにされない。後の場面で、陰鬱なマルティンの素行に対して父親は自慰行為を疑い、マルティンもそれを認める（その結果マルティンは就寝中に手を縛られることになるが、そこにもこの社会に働く規範の力が見てとれる）。しかし、彼が流した涙のほんとうの理由はわからない。

　あるいは、医師の娘アンナが幼い弟ルドルフと食事をする一見何気ない場面に、凍りつくような瞬間が描かれる。5歳の弟は姉に、「死」について素朴な問いを向ける。アンナは一般的な説明をしていくが、弟が家族の一人ひとりの「死」について問い、最後に母のことに話が及んだとき、アンナの表情は一瞬固くなる。「Und die Mama? Die ist gar nicht verreist? ママは？ 旅行に出たんじゃないんでしょ？」ルドルフは、おそらくそう説明されていたのだろう。「Die ist auch tot. Aber das ist schon lange her. お母さんも死んだの。でも、もう昔のことよ」というアンナの答えに、弟は何も言わずに突然、皿をテーブルの下に払い落とす。母の死は、単に幼い子に隠されていただけかもしれない。しかし、幼いルドルフはおそらく直観的にさまざまな歪みを感じとっている。娘への性的虐待や、愛人である助産婦に対する聞くに堪えない暴言など、一見穏やかな医師の家庭の水面下では、恐ろしいほど歪んだ力が張り詰めている。だが、そういった強烈な場面だけでなく、助産婦が医師との情事のあと口にする「Er mag mich nicht. あの子は私が好きじゃないのよ」という何気ない言葉や、暴行を受けた苦しみのなか、診察後の医者の手を放そうとしない助産婦の障害児カーリ、そして医者と助産婦が一瞬交わす視線といった小さな場面のなかにも、そのような歪みが表面に現れ出ている。

Als ihr klein wart, hat eure Mutter euch bisweilen ein Band ins Haar oder um den Arm gebunden. Seine weiße Farbe sollte euch an Unschuld und Reinheit erinnern.

◎　◎　◎

　お前たちが小さかったとき、お母さんはリボンを髪や腕につけてくれたことがあった。その白い色で、お前たちに無垢で純粋であることを思い起こしてもらうためだ。

29

白いリボン

セリフの背景

　歪みは、大きな支配的権力が働いている男爵、医師、そして牧師のまわりで最も明確なかたちをとって現れる。なかでも「白いリボン」という表題に関わる牧師の子どもたちには、恐ろしいほど抑圧された力がときおり無言のまま噴出する。先にふれたマルティンの涙もその一つである。あるいは、堅信礼の準備の授業の際に、誤解のため父親の牧師から叱責され、失神するクララ。「白いリボン」に象徴される厳格なキリスト教的「純粋さ」「正しさ」を押しつける牧師の言葉は、情け容赦がない。「Weiß ist, wie ihr alle wisst, die Farbe der Unschuld. ご承知のように、白は無垢（罪がないこと）を表す色だ。Das Band sollte Klara dabei helfen, die Sünde zu meiden, die Selbstsucht, den Neid, die Unkeuschheit, die Lüge und die Faulheit. このリボンは、クララが罪や、利己心、妬み、ふしだら、嘘、怠惰を避ける力添えになるはずだった。」牧師の信念のうちに貫かれたプロテスタント的規範は、いわば空気のように、ほとんどその存在が意識されないほど人々の間に浸透している。だから教師もこう述懐する。「Trotz der seltsamen Ereignisse, die das Dorf in Unruhe gebracht hatten,

181

meinten wir uns einig in der Zuversicht, dass das Leben in unserer Gemeinschaft ein gottgewolltes und lebenswertes war. 村を不安に陥れていたこれらの奇妙な出来事にもかかわらず、私たちの共同体での生活は神が望んだ生活、生きる価値のある生活であると、みなこぞって疑いもなく信じていた。」その点で、教師も基本的にこのイデオロギー的信念のうちに生きている。彼は、「夢」でみたカーリ虐待を「予言」するエルナに、「Man hat sie als Hexen verbrannt. そういう女の子は魔女として火刑にされたんだよ」と冗談を言うが、この教師は後に彼女の夢のことを警察に知らせることで、いわば体制の側に立ち、象徴的にこの女の子を火刑に処す手助けをしたことになる。こういった信念のもたらす歪みは、十字架に磔にされたように虐殺された小鳥の映像となって強烈に結晶する。それはまた、映画の終盤、事件に（牧師家を含む）子どもたちが関わっているという推測を教師から聞かされた牧師の言動にも如実に表れる。牧師は、自分の子どもたちのおぞましい逸脱を知りつつも、「Man sieht, dass Sie keine Kinder haben. あなたには子どもがいませんね。Sonst wären Sie zu einer solchen Verstiegenheit gar nicht fähig. そうでなければ、あなたもそんな途方もないことを思いつかなかったでしょう。Sie haben ein krankes Gehirn. あなたは心が病んでいるのです」と教師を非難し、さらには脅迫しさえする。牧師の彼も、ここで「正しさ」からはずれる。

　この村に渦巻く歪んだ力は、夫に向けられた男爵夫人の言葉に端的に表現されている。「Ich gehe fort von hier, weil ich nicht will, dass Sigi und später die Zwillinge in einer Umgebung aufwachsen, die dominiert ist von Böswilligkeit, Neid, Stumpfsinn und Brutalität. 私ここから出て行くわ。ジギやそれに双子たちが、悪意や妬みや無関心さや野蛮さの支配する環境で育つのがいやだから。」しかし、それはこの村のことを指しているだけではない。むしろ「この国」全体を支配するものに関わっている。

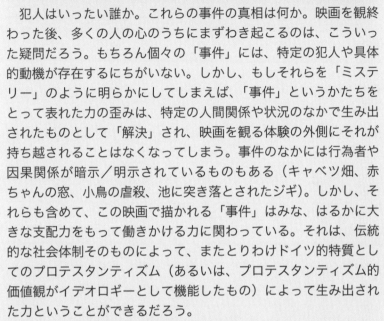

『白いリボン』について

　犯人はいったい誰か。これらの事件の真相は何か。映画を観終わった後、多くの人の心のうちにまずわき起こるのは、こういった疑問だろう。もちろん個々の「事件」には、特定の犯人や具体的動機が存在するにちがいない。しかし、もしそれらを「ミステリー」のように明らかにしてしまえば、「事件」というかたちをとって表れた力の歪みは、特定の人間関係や状況のなかで生み出されたものとして「解決」され、映画を観る体験の外側にそれが持ち越されることはなくなってしまう。事件のなかには行為者や因果関係が暗示／明示されているものもある（キャベツ畑、赤ちゃんの窓、小鳥の虐殺、池に突き落とされたジギ）。しかし、それらも含めて、この映画で描かれる「事件」はみな、はるかに大きな支配力をもって働きかける力に関わっている。それは、伝統的な社会体制そのものによって、またとりわけドイツ的特質としてのプロテスタンティズム（あるいは、プロテスタンティズム的価値観がイデオロギーとして機能したもの）によって生み出された力ということができるだろう。

　ただし、多少補足が必要だ。この映画にはEine deutsche Kindergeschichte（ドイツの子どもの物語）という副題が付けられているが、この副題は映画でも書籍（台本）でも、周到に一貫してドイツ文字（Fraktur）の筆記体で書かれている。この映画が「子ども」をめぐる物語であることは間違いない。だが同時に、Frakturが表すひと昔前の時代に関わるものでもある。時代設定が第一次世界大戦直前とされているのも、19世紀の社会と価値観の世界の最も末期を描くためだろう。しかし、ハネケにとって、その独特のイデオロギーは、おそらく現代のドイツのうちにも力を保ち続けている。「ベニーズビデオ」「ファニーゲーム」「ピアニスト」などの衝撃的作品で知られる監督のハネケは、冷たく圧し殺された人間性に向ける彼特有のまなざしで、その力を描き出している。

白いリボン

㉚ 東ベルリンから来た女
Barbara

クリスティアン・ペツォルト監督

▶**脚本**◎クリスティアン・ペツォルト、ハルーン・ファロッキ
▶**撮影**◎ハンス・フロム
▶**編集**◎ベッティーナ・ベーラー
▶**音楽**◎シュテファン・ヴィル
▶**出演**◎ニーナ・ホス、ロナルト・ツェーアフェルト、ライナー・ボック、クリスティーナ・ヘッケ他
▶**製作年等**◎ 2012 年、105 分、カラー。2012 年ベルリン国際映画祭銀熊賞（監督賞）受賞

ストーリー

　1980年、東ドイツのある地方病院に女性医師バルバラが赴任してくる。彼女は当初、同僚たちと打ち解けず、孤立した雰囲気を漂わせている。上司の医師アンドレが仕事の後、車で送ってくれるときにも、彼が秘密警察の依頼で彼女について報告する任務にあると見ている。しかしトルガウの更生施設から脱走し、この病院に運ばれてきた少女ステラの症状を的確に診断し、献身的な治療・介護にあたるバルバラの姿にアンドレは感銘を受ける。他方バルバラも、地方病院の貧弱な環境のなかで独自に整えた診断・治療の設備で少女のための血清を作り出したアンドレのことを見直す。実はバルバラは、過去の経緯から秘密警察の監視下にありながらも、西ドイツの恋人の手助けによって、バルト海経由での国外逃亡を計画している。しかし、自殺未遂で新たに運ばれてきた少年の危機的な状況をアンドレとともに見てとり、また再び逃亡し自分を頼ってきたステラを前にして、バルバラの心は揺れる…

発売・販売：アルバトロス株式会社
© SCHRAMM FILM / ZDF / ARTE 2012

Wir sehen ihn, Aris Kind, das Opfer. Seinen Leib. Sind mit ihm. Und eben nicht mit denen hier. Die, die sehen Abbildungen. Sie sehen nicht ihn. Rembrandt malt das als Fehler. Und dadurch sind wir bei ihm. Und nicht mit denen hier.

◎　◎　◎

　私たちが見ているのは、アーリス・キント、この犠牲者、彼の身体だ。私たちは、彼の側にいるのであってこの医者たちの側ではない。彼らが見ているのは図版だ。医者たちは彼を見ていない。レンブラントはそのことを間違いとして描いたんだ。それによって、私たちは彼のもとにいる。この医者たちとではなく。

セリフの背景

　アンドレが自力で血清を作り上げたことに感銘を受け、バルバラにとって彼との間の感情的な距離が少し縮まる。アンドレのように優秀な医者が、設備の乏しいこのような地方病院になぜいるのか。「Was machen Sie eigentlich hier in der Provinz? Aufpassen, dass sich niemand separiert? こんな田舎でなにをしてらっしゃるんですか。誰も"孤立"しないように見張っているとか。」"孤立"というのは、バルバラが病院に来てすぐのときに、アンドレが口にした「孤立（自らを他の人から隔てる sich separieren）」しないようにという忠告を皮肉っているが、もはや敵意はない。「Mir gefällt es hier. ここが気に入っているんだよ。」「Sollen Sie mich überzeugen? 私を説得するように言われているわけ？」ここでのsollenは、秘密警察の「意向」を指している。「Wovon? なんの説得？」「Den Ausreiseantrag zurückzuziehen? 出国申請を取り下げるようにとか。」バルバラにはまだ不信が

残っている。

　東ドイツの現実を思い起こして、少しばかり再び距離ができたまま部屋を去ろうとするバルバラ。アンドレはそんなバルバラに対して、自分の部屋に飾ってあるレンブラントの有名な解剖学講義の絵に注意を向けさせる。「Da stimmt etwas nicht. この絵にはおかしなところがある。」バルバラは解剖の順番として、下腹部から始めるべきなのにそうなっていないことをまず指摘する。「Stattdessen haben sie die linke Hand seziert. そうでなく、左手の解剖をしているね。」「Da ist ein Fehler. Die Hand stimmt nicht. そこが間違ってる。手がおかしい。Sie ist vertauscht. Es ist die rechte Hand. Und sie ist zu groß. 入れ替わっている。これは右手ね。それに大きすぎるし。」しかしアンドレは、レンブラントがうっかり間違えたのではないと主張する。「Sehen Sie den Atlas. Ein Anatomieatlas. この解剖図解を見て。Alle hier starren darauf. Er und er, alle. この人たちはみな図解をのぞきこんでいる。この人も、この人も、みんな。Die Hand hier ist gemalt wie eine Abbildung aus dem Atlas. この手は図解に描かれた図版のように描かれている。Rembrandt malt etwas in das Bild hinein, das wir nicht sehen können, nur die hier. Die Abbildung einer Hand. レンブラントは、私たちからは見えないけれど、ここにいる人たちだけが見えているものを絵の中に描き込んでいるんだ。手の図版を。Und er malt sie falsch. だから間違った手を描いている。」アンドレは解釈を続ける。「Und dieser Fehler irritiert uns. Durch ihn sehen wir nicht mehr durch die Augen dieser Ärzte. この間違いのために私たちは落ち着かない気持ちになる。この間違いがあるので、私たちもこの医者たちの目を通した見方では、この男の人を見なくなる。」教科書に書かれたものが絵のうちに異化的に提示されることにより、われわれのまなざしは、解剖学という制度そのものではなく、そこから排除されがちな一個人のあり方にむしろ注がれることになる、というのがここでのアンドレの解釈だ。制度のなかの人たちが見ているのは、一人の人間ではなく、説明され与えられた制度なのである。ここには社会主義という制度が重ね合わされている。

Er ist nur Stellvertreter. Für all die Lieben, die sie nie haben wird. Sie phantasiert eine Liebesgeschichte mit ihm. Beschreibt ihn, seine Zärtlichkeit, seine Leidenschaft, seine Schönheit. Dann stirbt sie. Und der alte, hässliche Arzt fährt nach Hause zu seiner Frau, zu seinen Kindern. Aber nie ist er so geliebt worden wie in dieser Nacht.

◎　◎　◎

　彼は代わりの存在にすぎない。この女の子がこの先決して手にすることのないすべての恋を肩代わりするような。この女の子は、この医者との恋の物語を思い描き、彼のことを、彼のやさしさを、彼の情熱を、彼の美しさを描き出しているんだ。そのあと彼女は死んでしまう。歳とった醜い医者はそれから家にいる自分の妻や子どもたちのところに帰ってゆく。だけど、この夜ほど彼が愛されたことはこれまでなかった。

セリフの背景　この映画には、物語の流れのなかで決定的な意味をもつある種の引用が二箇所ある。一つは先に言及したレンブラントの絵であり、もう一つが、ここでとりあげるツルゲーネフの短編小説集『猟人日記』のなかの小品「田舎医者」である。アンドレはそれぞれ自分の解釈を語る。

　入院した男の子に手術の必要があると認識したバルバラは、病院にいないアンドレを探す過程で、自分を監視するシュッツと、アンドレの診察を受けるシュッツの妻に出会う。その晩に男の子の手術が急遽設定されるが、同じ晩に彼女の国外逃亡が秘密裡に計画されている。このような緊迫した状況のなか、バルバラがもらった野菜をアンドレが家で料理して彼女に食べてもらうことになる。落ち着いた時間が流

れるアンドレの家で、バルバラは彼がラタトゥイユを作っている間に彼の蔵書を眺め、そこでツルゲーネフを見つける。「Da ist überhaupt eine der schönsten Geschichten drin. „Der Kreisarzt". その本にはほんとうにすてきな物語が一つ入っている。「田舎医者」だよ。」アンドレはアウトラインを語り始める。「Ein älterer, hässlicher Arzt wird zu einem schwindsüchtigen Mädchen gerufen. Das Mädchen glüht, es ist 17 oder 18. Das Fieber. Ein Sturm, ein Unwetter. Er kann nicht zurück. Muss bleiben. Aderlass. Der ganze Unsinn. Das Mädchen hat noch nie geliebt und jetzt muss es sterben, ohne je geliebt zu haben und so nimmt sie ihn, den hässlichen Arzt, zu ihrem Geliebten. 少し年配の醜い医者が、結核の少女のところに呼ばれる。女の子はほてっている、17か18だ。熱がある。嵐で土砂降り。帰ることもできず、そこにいなければならない。瀉血^{しゃけつ}をする。まったく馬鹿な話だ。少女はこれまで一度も恋をしたことなどない、だけど恋の経験もなくもうすぐ死ぬ運命だ。そこで彼女はこの醜い医者を自分の恋人にする。」

　実際に「田舎医者」を読むと、おそらくこの要約とは少しちがう印象をもつだろう。事実関係もあまり正確ではない。「Er schläft mit ihr? 医者はこの子と寝たの？」と問うバルバラに対して、二人の「恋」がどのようなものかを説明するのが、ここで引用した箇所だ。物語をこのように読むことはもちろん可能だろう。しかし、映画のなかになぜこの場面がわざわざ組み込まれているのか。少女と医者の関係は、バルバラとアンドレの関係とはまったく異なる。しかし、人間のほんとうの気持ちが完全に制約された状況のなかで、一人の人間の生身の感情が溢れ出る真の瞬間が、このアンドレの解釈のうちには表れ出ている。それはレンブラントの絵の場合と共通する。またバルバラとアンドレの置かれた状況とも通じ合う。

　引用した二つの箇所のあと、バルバラとアンドレの関係には大きな変化が生じていく。料理をしているアンドレとバルバラの気持ちが通じ合う。「Ich freu' mich so, dass du da bist. 君が来てくれてほんとうにうれしいよ。」バルバラに初めてduで呼びかける瞬間だ。

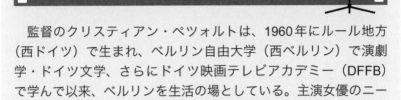

『東ベルリンから来た女』について

　監督のクリスティアン・ペツォルトは、1960年にルール地方（西ドイツ）で生まれ、ベルリン自由大学（西ベルリン）で演劇学・ドイツ文学、さらにドイツ映画テレビアカデミー（DFFB）で学んで以来、ベルリンを生活の場としている。主演女優のニーナ・ホスとは、これ以前・以後と何度も仕事をしている。

　ドイツ統一以降、東ドイツの日常を舞台とする優れた映画がいくつも制作されている。この映画もそういった作品に数えられることになるだろう。とはいえ、監督のペツォルトにとって、「東ドイツ」というテーマそのものが特別な意味をもつものというよりも、比較的近い歴史的背景をもつ社会的現実のうちに生きる人々の生・死・愛を秀逸な物語構成のうちに描き出す一連の作品の一つといえそうだ。

　主人公のバルバラがもともと勤めていたのは「シャリテ（Charité）」（「慈善」に由来）と呼ばれる東ベルリンのフンボルト大学附属病院だ。日本でいえば、東大病院をイメージしてもらうとよいかもしれない。エリートの医師である。しかし、バルバラは東ドイツからの出国を申請したために、政府から亡命を警戒され、バルト海沿岸の地方都市の病院に左遷され、さらに秘密警察の監視下に置かれることになる。物語の舞台となるバルト海沿岸の地方病院がどの町にあるかは明示されていないが、バルバラが西ドイツの恋人とこっそりと会うのはロストックのインターホテル（上級層・外国人が主に宿泊した東ドイツのホテル会社）である。秘密警察や病院という組織のなかでの人々の様子もであるが、この映画では、バルバラの住居の管理人の女性や、バルバラを監視するシュッツの妻のところでの家庭、そしてやはりある種の左遷によりこの地方病院に勤務するアンドレの人柄など、この時代の東ドイツの日常や人々のメンタリティーがきめ細かく丁寧に描かれている。

東ベルリンから来た女

31 ハンナ・アーレント
Hannah Arendt

マルガレーテ・フォン・トロッタ監督

▶**脚本**◎パメラ・カッツ、マルガレーテ・フォン・トロッタ
▶**撮影**◎キャロリーヌ・シャンプティエ
▶**編集**◎ベッティーナ・ベーラー
▶**音楽**◎アンドレ・メルゲンターラー
▶**出演**◎バルバラ・スコヴァ、アクセル・ミルベルク、ジャネット・マクティア、ユリア・イェンチュ、ウルリヒ・ネーテン、ミヒャエル・デーゲン他
▶**製作年等**◎2012年、101分、カラー。2012年バイエルン映画賞（主演女優賞）受賞

ストーリー　第二次世界大戦中に強制収容所へのユダヤ人大量輸送の責任者であったアドルフ・アイヒマンが、1960年、逃亡先のアルゼンチンでイスラエルの諜報機関（モサド）に捕まり、翌年、エルサレムで裁判が始まる。すでに『全体主義の起源』（1951年）等の著作によって知られていた政治哲学者ハンナ・アーレントは、『ニューヨーカー』誌での裁判の報告記事執筆を申し出るが、実際の裁判でアイヒマン本人や証言者たちの言葉を聞くうちに、極悪非道な残虐行為を行った悪の「怪物」という世間の見方とは異なる姿が彼女の目にとらえられてゆく。アーレントは、アイヒマン自身の罪を糾弾するのではなく、任務に忠実なだけで自ら考えることが不可能な状態になっていた役人的な「凡庸さ」に悪の根源を見出し、さらにはユダヤ人指導者がナチスとある種の結びつきをもっていたことさえ指摘するが、彼女の論説はアイヒマン擁護と受け止められ、報告記事は途方もない憤激と批判にさらされることになる…

DVD：¥4,180（税込）
発売・販売元：ポニーキャニオン
©CORAZON INTERNATIONAL

Und wir wissen heute, dass das Böseste oder das radikal Böse mit solch menschlich begreifbaren, sündigen Motiven wie Selbstsucht gar nichts mehr zu tun hat. Es hat vielmehr mit folgendem Phänomen zu tun: der Überflüssigmachung des Menschen als Menschen.

◎　◎　◎

　極度の悪、あるいは根本的な悪というのは、利己心のように人間的に理解できるような罪にとらわれた動機とは、もはやまったく無関係なものだといまではわかっています。そのような悪が関係しているのはむしろ、「人間を、人間としては不必要なものにしてしまうこと」という現象なのです。

31

セリフの背景　エルサレムでアイヒマン裁判を傍聴した後、ニューヨークに戻ったアーレントは、勤務している大学のおそらくドイツ科の学生たちの授業のなかで、ドイツ語で丁寧にそして熱心に語りかける。「In den Konzentrationslagern mussten die Menschen lernen, dass Strafe keinen Sinnzusammenhang mit einem Vergehen haben muss, dass Ausbeutung niemandem Profit bringen muss, und dass Arbeit kein Ergebnis zu zeitigen braucht. 強制収容所では、罰は犯罪行為とは何の意味連関ももたないこと、搾取は誰の利益になるわけでもないこと、労働は何の成果をもたらさなくてもよいことを教え込まれます。」他の人に不利益や害を与えるとしても自分自身の利益を求める「Selbstsucht 利己心」に悪の根源を求めるような古典的な理解に対して、アーレントは全体主義ではまったく異なる悪の段階が生じていると指摘する。

　しかし、自らユダヤ人として戦時中に抑留された経験をもちながらも、あくまでも客観的にアイヒマン裁判を通じて積み上げた考察を語

ハンナ・アーレント

191

るアーレントは、ナチズムに対する極度の嫌悪や被害者であるユダヤ人との連帯・共感を前提とする友人たちの理解を得られない。エルサレムでの裁判の後に友人たちと会話を交わすときにも、アーレントの関心はアイヒマンに表れたこれまでとは異なる悪の形態にある。「Aber ist es nicht interessant, dass ein Mann, der alles getan hat, was ein mörderisches System von ihm verlangt hat, der sogar eifrig genaueste Details über seine Feinarbeit ausbreitet, darauf besteht, dass er persönlich nichts gegen Juden hat! 殺人的組織に要求されたことは何でもやり、自分の精密な仕事の詳細を熱心に披露しさえする男が、自分は個人的にはユダヤ人に対して反感などもっていないと主張するというのは、面白いことではないでしょうか。」

　アイヒマンが嘘の証言をしているだけだと考える友人たちは激しく反発するが、アーレントは誓いにしたがい職務を果たしていただけと主張するアイヒマンの言葉を言い逃れととるのではなく、むしろその官僚的な思考にこそ、全体主義における悪の新たな根源を見てとろうとする。

　エルサレム在住の家族のような友人クルトにも、次のように強調する。「Du kannst doch nicht leugnen, dass ein riesiger Unterschied besteht zwischen dem unvorstellbaren Grauen seiner Taten und der Mittelmäßigkeit des Mannes. 想像できないほどおぞましい彼の行為とこの男の平凡さとの間には、途方もない差異があるということはあなただって否定できないでしょう。」アーレントの住居に友人たちが集まってドイツ語で議論したときも、「Eichmann ist ein Monster! アイヒマンは怪物だ！」と述べる古くからの友人の哲学者ハンス・ヨナスに対して、「Das Neue an dem Phänomen Eichmann ist doch gerade (…) dass er ein erschreckend normaler Mensch ist. アイヒマンという現象の新しいところは、彼がおそろしいほど普通の人間だということなのよ」と強調する。アーレント自身、アイヒマンの罪をつゆほども疑っていないのだが、彼女の客観的分析は、ホロコーストという未曾有の出来事に関わった人たちの感情を完全に逆撫でする。

Ach, Kurt, du kennst mich doch. Ich habe noch nie ein Volk geliebt. Warum sollte ich die Juden lieben. Ich liebe nur meine Freunde. Das ist die einzige Liebe, zu der ich fähig bin.

◎　◎　◎

　あなたは私のことがわかっているでしょう。ある民族を愛したことなんか、これまで一度もないわ。どうして私が「ユダヤ人」を愛するなんてことがあるのでしょう。私が愛しているのは友人たちだけ。それが私に可能な唯一の愛よ。

セリフの背景　　クルトが死の床にあると聞き、アーレントは急いでエルサレムにやってくるが、クルトは心情的に彼女を受け入れることができない。「Diese Grausamkeit, diese Rücksichtslosigkeit von dir. あなたがあのように無慈悲で、あのように思いやりを欠いているなんて」というクルトの厳しい言葉は、主に二つのことに関わっているだろう。一つは、「悪の凡庸さ」という概念化にも表れているように、アイヒマン個人の恐るべき罪を糾弾するのではなく、むしろこの現象の客観的で冷徹な分析により、アイヒマンの罪が棚上げされたかのように見えたため、ユダヤ人の強い被害感情を踏みにじっていると受けとめられたこと。もう一つは、ユダヤ人指導者の組織が、強制収容所の実態を知りつつも何もできないままだったためにホロコーストの犠牲者がさらに増えたと、ユダヤ人についての指摘があったことである。これらの主張は、事実であるとしても、多くのユダヤ人の感情を著しく害するものであり、クルトには耐えられないものだった。「Hast du keine Liebe zu deinem Volk? あなたには自分の民族に対する愛情はないのか？」と問うクルトにアーレントは上のように答える。

ハンナ・アーレント

映画の終盤、大教室で講義を行う場面では、アーレントの思想的立場が要約されている。アイヒマンは、自ら何かを行ったということはなく、ただ命令に従っただけだと主張していると述べた後、アーレントはこう続ける。「This typical Nazi plea makes it clear that the greatest evil in the world is the evil committed by nobodies: evil committed by men without motive, without conviction, without wicked hearts or demonic will. By human beings who refuse to be persons. このいかにもナチ的な弁解から明らかになるのは、世界で最も大きな悪は、取るに足らない無名の人々によってなされる悪だということです。その悪は、何の動機も信念もない人間、邪悪な心やデーモン的な意思などない人間によって、人であることを拒絶した人間によって、なされるものなのです。And it is this phenomena that I have called the banality of evil. この現象こそ、私が〈悪の凡庸さ〉と呼んだものです。」アーレントはさらに続ける。「In refusing to be a person, Eichmann utterly surrendered the single most defining human quality – that of being able to think. 人であることを拒絶することで、アイヒマンは人間を規定する最も重要なただ一つの資質、思考することができるという資質を譲り渡してしまったのです。And consequently, he was no longer capable of making moral judgements. その結果、彼はもはや道徳的判断を行うことができなくなったのです。This inability to think created the possibility for many ordinary men to commit evil deeds on a gigantic scale, the like of which has never been seen before. 思考できないことによって、多くの普通の人々がかつてないほどの途方もない規模で悪事を行うことが可能になってしまいました。」学生たちは熱狂的な拍手を送る。だが、古い友人ハンス・ヨナスの言葉は、同時代のアーレントへの批判を端的に代弁している。「Mit deiner dir angeborenen Arroganz und deiner Unwissenheit (...) über die jüdischen Dinge machst du aus einer Gerichtsverhandlung eine Abhandlung in Philosophie. 生まれつきの傲慢さとユダヤについてわかっていないことで、君は法廷での審理を哲学の論文に仕立てあげている。」

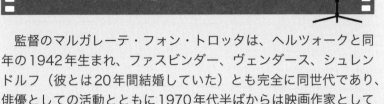

『ハンナ・アーレント』について

　監督のマルガレーテ・フォン・トロッタは、ヘルツォークと同年の1942年生まれ、ファスビンダー、ヴェンダース、シュレンドルフ（彼とは20年間結婚していた）とも完全に同世代であり、俳優としての活動とともに1970年代半ばからは映画作家として活躍し始める。

　シュレンドルフとの共同制作による映画作家としての最初の作品『カタリーナ・ブルームの失われた名誉』（1975年、ハインリヒ・ベルの小説の映画化）、ヴェネツィア映画祭金獅子賞他数多くの受賞がある『鉛の時代』（1981年）や『ローザ・ルクセンブルク』（1986年）をはじめとして、彼女の作品は社会的・歴史的問題を正面から受け止め、アクチュアルなテーマとして掲げるものが多い。

　『ハンナ・アーレント』もそのような映画の特質を明確に備えているが、アーレントの生涯のうちアイヒマン裁判の傍聴から『ニューヨーカー』での寄稿の発表までの時期に焦点を当てたこの映画は、歴史的事実や交友関係を丹念に追いつつも、ある程度フィクション的な要素として、アーレント自身および関わった人々の感情のひだを細やかに描き出している。かなり硬派の社会映画であるが、ドイツ、アメリカ、そして日本でも、異例ともいえるほど数多くの観客に評価される作品となった。

　この映画をより深く知るためにはアーレントの『エルサレムのアイヒマン』（1963年）そのものを読むことが何よりも重要であろうが、例えばこの映画の日本公開の少し後に刊行された矢野久美子『ハンナ・アーレント』（中公新書、2014年）などでアーレントの生涯と活動をたどることはこの哲学者の理解のためにとても有益だろう。こういった伝記的事実をたどってゆくと、映画のなかのフィクション的な要素が目立って見えることにもなるだろうが、しかしそれは歴史的事実に即した「ドキュメンタリー」的な作品の宿命でもある。

ハンナ・アーレント

32 帰ってきたヒトラー

Er ist wieder da

ダーヴィト・ヴネント監督

▶**脚本**◎ミッツィ・マイアー、ダーヴィト・ヴネント
▶**撮影**◎ハンノ・レンツ
▶**編集**◎アンドレアス・ヴォドラシュケ
▶**音楽**◎エニス・ロトホフ
▶**美術**◎アクセル・ノッカー
▶**出演**◎オリヴァー・マスッチ、ファビアン・ブッシュ、カーチャ・リーマン、クリストフ・マリア・ヘルプスト、フランツィスカ・ヴルフ、ミヒャエル・ケスラー他
▶**製作年等**◎2015年、116分、カラー

ストーリー

　意識を取り戻すと、そこは2014年のベルリンだった。キオスクの店主の世話を受けながら、ヒトラーは戦後のドイツの歩みと現代の政党の状況を次第に把握してゆく。彼を目にした人はみな、ヒトラーを装う芸人だと受けとめる。ヒトラーが現れた場所の近くでたまたま撮影をしていたザヴァツキは、放送局MyTVの契約社員をクビになるが、彼を探し出すと、テレビ会社復帰をかけてドイツ各地でヒトラーが人々と対話する様子を記録する。ザヴァツキに連れられてMyTVを訪れたヒトラーの外見、風格、話術に成功を直感した局長のベッリーニは、ヒトラーを番組に起用する。その間、MyTV社で部屋を与えられたヒトラーは若い女性社員クレマイアーからコンピュータ操作を教わり、インターネットによる恐るべき情報収集能力に驚く。人気コメディアンのコメディー番組に登場したヒトラーの存在感と演説は、人々を圧倒する。さまざまな番組への出演により、ヒトラーはメディアの世界で大きな影響力を発揮し、市井の人々との対話、政治家との議論を展開してゆく…

2017年12月22日発売
『帰ってきたヒトラー』
ブルーレイ：¥2,200（税込）
DVD：¥1,257（税込）
発売・販売元：ギャガ
©2015 Mythos Film Pro-
duktions GmbH & Co. KG
Constantin Film Pro-duktion
GmbH Claussen & Wöbke &
Putz Filmproduktion GmbH

Ich werde gegen dieses Fernsehen solange weiterkämpfen, bis wir den Abgrund nicht nur erkennen, sondern bis wir ihn überwinden.

◎ ◎ ◎

　この深淵がどのようなものであるかわかるようになるだけでなく、この深淵を克服するまで、私はこのテレビというものと戦い続ける。

セリフの背景

　ヒトラーはジョークマン（Witzigmann）が司会を務めるコメディー番組に登場し、会場の人々、テレビスタッフ、視聴者を圧倒する。ドイツ帝国の総統であった彼がこのようなコメディー番組に出演するのは、現代の各種メディアの技術的進歩とその途方もない影響力を、卓越した能力によってすでに学びとっていたからだ。出演する「Krass, alter!（マジ、ヤバい）」という番組がきわどい政治ネタを売りにしていることを理解したうえで、これから自分が政治的影響力を発揮するためには、ひとまず道化役（Hanswurst, Clown）を演じることも戦略的に選択する。

　ザヴァツキに連れられてドイツをあちこち旅していた間に、ホテルで現代のテレビを目にしたヒトラーは、その技術的進歩がプロパガンダにうってつけであることを意識するが、その内容のあまりの低俗さに怒る。そして、ザヴァツキが撮影する番組では「政治」をテーマとすると決心していた。初登場のジョークマンの番組で、あまりにヒトラーそのものである男を前にしてざわめく会場の人々に、彼はテレビ批判を始める。「Es ist ein Wunderwerk des menschlichen Erfindergeistes. これは人間の発明精神の生み出した奇跡の道具だ。Aber was läuft auf diesem Fernseher? しかし、このテレビでやっている

197

ものは何か。Nur Schrott! クズばかりだ。Wenn die Zeiten schlecht sind, dann braucht das Volk leichte Unterhaltung, das verstehe ich. 時代が劣悪なときには、国民は軽い娯楽を必要とするものだ。(…) Aber wie schlimm müssen die Zeiten sein, dass man das Volk mit solch einem geistig minderbemittelteten Schwachsinn bestraft? しかし、国民がこれほど知的能力の低いばかげたことを甘んじて受けなければならないとは、どれほど劣悪な時代であることか。In welchem Land leben wir? Kinderarmut, Altersarmut, Arbeitslosigkeit, die Geburtenraten so tief wie noch nie. われわれが暮らしているのはどのような国か――こどもの貧困、老人の貧困、失業、かつてないほど低い出生率。Kein Wunder! Wer will in dieses Land schon ein Kind setzen? 当たり前ではないか、誰もこんな国で子どもをもとうと思わないのは！ Ihr rast auf den Abgrund zu, aber wir erkennen ihn nicht. あなたたちは深淵に向かって邁進している。しかし、それが何かわれわれはわかっていない。Denn im Fernsehen, da sieht man nicht den Abgrund. テレビでは、その深淵が見えないからだ。Da sieht man einen Koch-Show. テレビで目にするのは――料理ショーだ。」

　コメディー番組に現れたヒトラーとしか見えない人物を目にして、人々はそこに笑いの要素を求める。最後の言葉でそれは満たされ、会場は笑いに包まれるが、戦後のドイツにおいて完全にタブーとされているはずのヒトラーがこのような場において何らかのかたちで許容されるとすれば、それはある種の諷刺の表現としてでしかない。だから、あまりにもリアルなヒトラーの演技と受けとめられるものに対しても、人々は「笑い」という反応のなかでしか接することができない。それでもなお、彼の演説は現代ドイツのテレビ番組の劣悪さを、この低俗な番組という枠組みを借りたテレビの自己否定のなかで、容赦なく抉り出す。その真摯さと「演技」と思っているものの水準の高さのために、彼の演説は人々の心を完全にとらえる。コメディー映画であるだけでなく、ヒトラーという究極のタブーに語らせるかたちで、ここでは現代ドイツのアクチュアルな状況が浮き彫りにされている。

1933 wurde kein Volk von irgendwelcher Propa-
ganda reingelegt. Es wurde ein Führer gewählt,
der in aller Klarheit seine Pläne offengelegt hat.
Die Deutschen haben mich gewählt.

◎　◎　◎

1933年、何かのプロパガンダにひっかかった国
民などいない。きわめて明快に計画を明らかにした
指導者（総統）が選ばれたということだ。私を選ん
だのはドイツ人たちだ。

セリフの背景　　　　　ヒトラー、ザヴァツキ、ベッリーニは、MyTV社内
の覇権争いに巻き込まれるかたちでテレビ界を追われ
ることになるが、そのヒトラーが小説『帰ってきたヒ
トラー』を執筆し、それが映画化されるというフィク
ションの重層構造が、この映画のプロットの巧みなところだ。

　この映画の監督として成功の途上にあるザヴァツキは、恋人となっ
たクレマイアー嬢の家をヒトラーとともに訪れるが、彼女の認知症の
祖母はヒトラーを本人であると思い、ユダヤ人であるその家族がナチ
に殺された記憶から、彼を追い出す。ちなみに、クレマイアー嬢がユ
ダヤ人であることは、ザヴァツキが彼女の家に初めて泊まったとき、
ソファでメノーラー（ユダヤ教の燭台）に頭をぶつけるシーンでも示
されている。ヒトラーからユダヤ人に対する否定的言辞を耳にしたザ
ヴァツキは、ヒトラーが最初に現れたときを偶然収めた過去の映像を
あらためて確認し、彼が実は本物のヒトラーであったことを知る。ヒ
トラーが、現代世界に甦り、高度に発展したメディアの力によって再
び政治的な力を得ようとしていると確信したザヴァツキは、彼を抹殺
するためにビルの屋上へと連れ出す。「Die Geschichte wiederholt

sich. Sie versuchen wieder, die Menschen mit Ihrer Propaganda reinzulegen. 歴史は繰り返す。あなたはまた人々をプロパガンダでたぶらかそうとしている」と言うザヴァツキに対して、ヒトラーはここで引用した言葉を告げる。

　この言葉は、この映画全体を通じてそうであるように、まさに現代ドイツのアクチュアルな状況をこの映画を観る者につきつける。ザヴァツキはヒトラーに向かって「Sie sind ein Monster. あなたは怪物だ」と、ヒトラー自身の特殊性を強調しようとするが、それに対してヒトラーはむしろ政治・社会のうちにある一般の人々の選択であるという。「Dann müssen Sie aber auch diejenigen verurteilen, die dieses Monster gewählt haben. それならば、その怪物を選挙で選んだ人たちも断罪しなければならないでしょう。Waren das alles Monster? その人たちはみな怪物だったのでしょうか。Das waren ganz gewöhnliche Menschen, die entschieden haben, einen außergewöhnlichen Menschen zu wählen und ihm das Schicksal ihres Landes anzuvertrauen. その人たちは、一人のとてつもない人を選挙で選び、彼に自分の国の運命を託することにしたごく普通の人間なのです。」

　この言葉は、この映画においてはヒトラーの言い逃れのようなものとしてではなく、むしろ2000年代になって、ドイツで次第に顕著になってきた社会的方向性に対するこの映画のメッセージとして受けとめることができる。それは、さらに続くヒトラーの言葉にもはっきりと現れている。「Haben Sie sich nie gefragt, warum die Leute mir folgen. Weil sie im Kern genauso sind wie ich. あなたは、なぜ人々が私につき従ったのかと疑問に思ったことはないのでしょうか。それは、彼らが核心においては私とまったく同じだからなのですよ。」この後ザヴァツキはヒトラーを射殺するが、しかし振り返ると彼は後ろに立っている。「Sie können mich nicht loswerden. Ich bin ein Teil von Ihnen, von uns allen! 私から逃れることはできないのです。私はあなたの一部、私たちみんなの一部なのですから。」

『帰ってきたヒトラー』について

　ヒトラーを作品でとりあげることには、リスクがある。それはこの映画の原作となったティムール・ヴェルメシュの小説でも同様であるが、われわれの記憶に焼きついたヒトラーの姿がありありと視覚化される映画では、さらにそのことがいえる。ヒトラーは徹底的な拒絶の対象とされるか、否定の証あるいは歴史の教訓として諷刺の対象でなければならず、決して共感による理解で近づくべき対象とはならない。

　原作の小説もこの映画も、確かにヒトラーの姿を「コメディー」というジャンルの枠のなかに位置づけているのだが、ヒトラーの登場する「コメディー」というかたちをとりつつも、これらの作品はむしろテレビやインターネットなどの現代のメディア状況を諷刺するとともに、それらを通じていかに政治的に危険な言説や思想が広くゆき渡る可能性があるかを痛烈に描き出している。

　2014年に撮影され2015年に公開されたこの映画は、ドイツを含むヨーロッパ全体に大量の移民が流れ込み、人々の生活と考え方に大きな転換がもたらされる時代の動きと連動していた。原作の小説（2012年）でもとりあげられる極右政党NPD（ドイツ国家民主党）だけでなく、社会全般の右傾化と「ヒトラー」という歴史的人物に対する拒否的感情の後退そのものが、この映画全体のメッセージのうちに明確に組み込まれている。それによって、原作の小説の重要な枠組みのうちに組み立てられながらも、映画は原作の小説とはかなり異なるプロットと構成をもつものとなっている。実在する政党や政治家への強烈な諷刺は、両方に共通するものであり、読者・観客はそこで存分に笑うことができるだろう。しかし、現代のわれわれの世界での「帰ってきたヒトラー」というメタファーがもつ空恐ろしさは、最後のどんでん返しもそうであるように、映画ではいっそう際立つものとなっている。

32

帰ってきたヒトラー

33 僕たちは希望という名の列車に乗った

Das schweigende Klassenzimmer

ラルス・クラウメ監督

▶**脚本**◎ラルス・クラウメ
▶**撮影**◎イェンス・ハラント
▶**編集**◎バルバラ・ギース
▶**音楽**◎クリストフ・M・カイザー、ユリアン・マース
▶**出演**◎レオナルト・シャイヒャー、トム・グラメンツ、レーナ・クレンケ、ヨナス・ダスラー、イザイア・ミヒャルスキ、フロリアン・ルーカス、ロナルト・ツェーアフェルト、ブルクハルト・クラウスナー他
▶**製作年等**◎2018 年、111 分、カラー

ストーリー　1956年、ギムナジウムの最終学年のテオとクルトは、東ドイツのスターリンシュタットを抜け出して西ベルリンでの解放された時間を過ごしていた。お目当ての映画の前に上映されたニュース映画で、彼らはハンガリー市民がソ連の圧力に対して蜂起したことを知る。二人は学校のクラスメートたちにハンガリーでの蜂起を共有し、西ベルリンの放送局RIASのニュースを聴くために、パウルの叔父エドガーのところにみんなで一緒に行くが、そこでソヴィエト軍の弾圧により、多数の死傷者が出て、サッカー選手のプスカシュも死亡したというニュースが流れる。クルトは死亡した人たちを追悼して、授業時間に二分間沈黙することを提案し、多数決のの

ち、実行される。クラスの異常な事態に教師は激怒し、校長のシュヴァルツとも共有する。校長は当初無難に決着をつけようとしたが、この「沈黙」は、社会主義体制に対する政治的抗議と受けとめられ、国民教育大臣まで現れる事態となる…

発売：ニューセレクト株式会社 / 株式会社クロックワークス

Hört mal alle! Wir machen 'ne Schweigeminute. Wegen der Ungarn. Wir sagen nichts zwei Minuten lang. Im Angedenken der gefallenen ungarischen Genossen.

◎　○　◎

みんな聞いてくれ！ 黙祷しよう。ハンガリー人のために。亡くなったハンガリーの同志たちを追悼して、二分間の沈黙だ。

セリフの背景　1956年10月23日に始まるハンガリーでの民衆蜂起（物語はこの日を起点とする）とその後のソ連の軍事介入による弾圧の一連の事件の詳細について、生徒たちはおもに禁じられている西側のメディアから情報を入手している。社会主義の理念と体制に従うように、家庭でも学校でも父権的な権威主義のもとで教育されながらも、ソ連の実質的支配に対して自由を求める国民への強い共感を抱くクルトや他の多くのクラスメートたちと、あくまでも社会主義体制の理念を信じているエリクの言葉は対照的である。

　ハンガリーとの連帯の気持ちから二分間の黙祷を提案するクルトは、「Worin liegt denn der Sinn, dass Sozialisten Sozialisten töten? 社会主義者が社会主義者を殺していることにどういう意味があるというんだ？」と憤激する。それに対して、社会主義の言説をそのまま信奉するエリクは、「Du kapierst es nicht! Die Faschisten und die Kapitalisten aus dem Westen wollen die Sowjetunion kaputtmachen! おまえはわかってない。西側のファシストや資本主義者たちがソ連を倒そうとしているんだ」と反論する。クラスの友人たちからは、それぞれの見解に対して同意の声があがる。クルトの友人テオは、もちろ

僕たちは希望という名の列車に乗った

んハンガリーでの蜂起に共感している。「Die Russen sollen jetzt mal die Biege machen. ロシア人にはここで回れ右して退散してもらいたいね。」同じ社会主義国家同士であってもロシアへの反感は強い。「Mosel kommt gleich. Stimmen wir ab. Wer ist für eine Schweigeminute? モーゼル（歴史の教師）がもうすぐ来る。投票しよう。黙祷に賛成する人は？」ここではテオがクラスの意見をまとめる。

　歴史教師モーゼルの報告を受けた校長のシュヴァルツは、事を荒立てないようにしようとするが、他の同僚リンゲルが「über den sagenhaften Ungehorsam der Abiturienten 生徒たちの信じられないような不服従について」すでに報告を受けていると知り、テオを呼び出して話をする。「Weißt du, Theo, ich war auch mal ein einfacher Arbeiter. Landarbeiter. Und für mein Leben lang wäre ich ein Arbeiter geblieben, genau wie dein Vater – und du vermutlich auch. (…) Der Sozialismus ist noch nicht perfekt. Aber er ist gut. Für uns ist das zu gut. 知っていると思うが、私もただの労働者だった。農業労働者だ。ほんとうだったら一生労働者のままだった、おまえの父親と同じように、そしておそらくおまえもそうだが。(…) 社会主義はまだ完全ではない。だがよいものだ。われわれにとってはよすぎるくらいだ。」労働者の父親をもつテオと話をする校長は、完全に労働者の使うような訛りの強い言葉を話す。ここでは標準ドイツ語で表記しているが、ick war ooch mal 'n eenfacher Arbeiter や、aba er is jut といったベルリン訛りの言葉だ。あとで国民教育大臣と話すときには標準ドイツ語に近い言葉になっている。

　テオは、サッカー選手プスカシュへの追悼だという言い訳を提案するが、「Ich will mich aber nicht rausreden. 言い逃れはしたくない」というレナにクルトも同意する。「Wir können uns nicht einfach mit Puskás rausreden. Es ist gelogen. Was nützt die Revolution, wenn sie nur in unseren Köpfen stattfindet? プスカシュで言い逃れはできない。それは嘘になる。頭の中だけのことであれば革命が何の役に立つ？」

„Mama, Warum sagst du nichts?"
„Geh weg von hier und komm nicht wieder. – Ich hab dich so lieb. Ich werd immer an dich denken. Jeden Tag, jede Minute. Aber jetzt musst du weg gehen. Ja? Noch heute Nacht."

◎　◎　◎

「ママ、どうして何も言わないの!」
「ここから逃げて、戻ってきてはだめ。——ほんとうに愛してる。あなたのことをいつも思ってるから。毎日、どんなときも、でもいまは逃げなければだめ。いい? 今夜のうちに。」

セリフの背景　管区教育官ケスラー、そしてこの事案を重大視してやってきた国民教育大臣の追求や卒業試験資格を盾にとった脅しによる犯人探しのために、生徒たちは次第に窮地に立たされる。それとともに、エリクやクルトの父親についても、歴史のなかでの暗い過去の秘密が明らかになってゆく。
　黙祷の主導者はクルトであると知ったケスラーは、市議会議長の息子であるクルトではなく、精神的に追い詰められて教師を銃で撃ったエリクを首謀者であることにしようと、クルトと家族にもちかける。「Ich möchte Rücksicht auf das politische Amt deines Vaters nehmen und daher werde ich dich morgen als Ersten in der Klasse aufrufen, und du wirst dann sagen, dass Erik der Rädelsführer dieser Konterrevolution war. あなたのお父さんの政治的職務に配慮して、明日あなたをクラスで最初に呼び出すので、エリクがこの反革命の首謀者だと言うのよ。」
　ケスラーが帰った後、クルトは母親に尋ねる。「Wie wichtig ist die

僕たちは希望という名の列車に乗った

Wahrheit? 真実はどれほど重要だと思う？」横で聞いていた父は、「Die Wahrheit, die Wahrheit. 真実か…」とつぶやく。「Du musst das kleinere Übel wählen, Kurt. Du sagst, dass es der Erik war, der geht ohnehin in den Bau, und die Sache ist erledigt. Sei froh, dass Kessler dir noch diese Gelegenheit gibt. クルト、害が少ない方を選ぶんだ。エリクだと言いなさい、どのみち収監される。それでことは片付く。ケスラーがまだこの機会を与えてくれることを喜ぶんだ。」確かにテオやほかの生徒たちも方便としての嘘 (Notlüge) を選択しようとするが、クルトの父親の場合、自分自身と家族の保身のためにエリクに濡れ衣を着せようとすることになる。そのような父にではなく、クルトは沈黙したままの母に尋ねるが、父親は強圧的にどなりつける。「Hör jetzt auf, deine Mutter zu fragen! Ich befehle dir, zu gehorchen! お母さんにきくのはやめろ！ 従えと命令しているんだ！」単なる方便だという父に対して、「Eine Lüge, mit der ich ein Leben lang herumlaufen muss. 一生つきまとう嘘になる」とクルトは答える。クラスのなかでも、クルトとレーナは最も純粋で、偽りを許せない。たたみかけるように食い下がるクルトに、母親は初めて自分のほんとうの気持ちを伝える。この映画では、社会主義の体制そのものが、そして家庭では父親が、きわめて権威主義的で強圧的なものとして強調されているが、そのなかで浮かび上がる人間の真実の姿に焦点が当てられてゆく。

　翌日、ケスラーはクラスの生徒たちを前に、クルトが罪を認め逃亡したと告げる。だが、それだけで終わらない。「Es ist allerdings unerlässlich, dass jeder Einzelne von euch hier und jetzt bestätigt, dass Kurt der Rädelsführer dieser Schweigeminute war. しかしながら、皆さん一人ひとりが、この黙祷の首謀者がクルトであったと明言することが不可欠です。」この踏み絵のような確認作業により、まずテオ、そしてパウルに放校が言い渡される。二人が教室を後にしようとしたとき、レーナが立ち上がる。「Es war meine Idee. あれは私の考えたことでした。」ケスラーが「Setzen! 着席！」と叫んでも、生徒たちは次々に立ち上がってゆく…

　この映画は、実際にあったできごとに基づいている。2006年に
Ullstein Verlagから出版されたノンフィクション『沈黙する教室
（*Das schweigende Klassenzimmer*）』（邦訳は2019年、アルファ
ベータブックス）は、そのままドイツで2018年に公開された映画
のタイトルとなった。著者のディートリヒ・ガルストカ（Dietrich
Garstka, 1939-2018）は、このクラスのなかの一人であり、最初
に西ベルリンに逃亡した（その意味ではクルトにあたる）。『沈黙
する教室』では、自分自身も「ディートリヒ」と三人称で語って
いる。映画は、「原作」となるノンフィクション作品を、エンター
テインメント的な要素を十分に備えた物語として、人物や事実関
係についてかなり作り変えた部分があるが（とりわけエリクとエ
ドガーは映画だけの人物）、大枠となる設定はある程度保持されて
いる。

　実際に生徒たちが通っていた学校は、ベルリン中心部から車で
1時間ほどのブランデンブルク州の小都市シュトルコウにあった
が、映画ではポーランドと国境を接する製鉄所の町スターリン
シュタット（のちにアイゼンヒュッテンシュタット）が舞台とし
て設定されている。第二次世界大戦後、連合国4カ国に分割統治
されたドイツが東西に分裂して、西のドイツ連邦共和国と東のド
イツ民主共和国が成立したのが1949年。その後、1953年にス
ターリンの死去による政府の動揺もあり、6月17日に東ベルリン
で労働者の大規模な暴動が生じた。映画のなかでテオの父親はこ
の事件を過去としてひきずっている。東ドイツでの経済発展の低
迷、社会主義体制による自由な生活の抑圧から、多くの人々が西
ベルリン経由で西側世界へと逃れていった。それを押しとどめる
ために1961年に「ベルリンの壁」が築かれたのだった。この映画
の舞台となる1956年当時、東ドイツの人々は仕事や親戚・知人の
訪問等の目的で西側を訪れることはまだできたが、国家から目を
つけられる危険を伴っていた。

33

僕たちは希望という名の列車に乗った

〈著者〉

山口裕之（やまぐち　ひろゆき）

広島市出身。東京大学教養学部教養学科ドイツ科卒業。東京大学大学院総合文化研究科地域文化研究専攻後期博士課程満期退学ののち、博士（学術）。現在、東京外国語大学大学院教授。専門領域はドイツ文学・思想、表象文化論。
著書に『現代メディア哲学』（講談社、2022）、『映画を見る歴史の天使』（岩波書店、2020）、『ベンヤミンのアレゴリー的思考』（人文書院、2003）。編訳に『ベンヤミン　メディア・芸術論集』（河出書房新社、2021）など。

映画に学ぶドイツ語

2023 年 6 月 24 日 初版第 1 刷発行

著　者　　山口裕之
発行者　　阿部黄瀬
発行所　　株式会社 教育評論社
　　　　　〒 103-0027
　　　　　東京都中央区日本橋 3-9-1 日本橋三丁目スクエア
　　　　　Tel. 03-3241-3485
　　　　　Fax. 03-3241-3486
　　　　　https://www.kyohyo.co.jp
印刷製本　萩原印刷株式会社

©Hiroyuki Yamaguchi 2023 Printed in Japan
ISBN 978-4-86624-080-0